David Leukert

Schau Liebling,
der Mond nimmt
auch zu

Deutscher Taschenbuch Verlag

Auch als eBook lieferbar.

Ausführliche Informationen
über unsere Autoren und Bücher
finden Sie auf unserer Website
www.dtv.de

Originalausgabe 2013
© 2013 Deutscher Taschenbuch Verlag GmbH & Co. KG,
München
Umschlagkonzept: Balk & Brumshagen
Umschlaggestaltung: Helena Schneider unter Verwendung
eines Fotos von Anja Schindel
Satz: Bernd Schumacher, Obergriesbach
Gesetzt aus der Sabon 10,5/14˙
Druck und Bindung: Druckerei C. H. Beck, Nördlingen
Gedruckt auf säurefreiem, chlorfrei gebleichtem Papier
Printed in Germany · ISBN 978-3-423-34774-7

Inhalt

Vorwort

Lieber Bücherwurm, lieber digitaler Nutzer,

während der Arbeiten an diesem Datensatz hat mich mein soziales Umfeld des Öfteren mit einer Frage konfrontiert, die vielleicht auch den potenziellen Leser interessieren könnte: Worum geht es jetzt eigentlich in dem Buch? Nun, es geht um alles Mögliche – also um *das* zentrale Thema unserer Zeit! Sicherlich hätte ich auch über Dieses und Jenes schreiben können, doch dann wären andere Fragen zu kurz gekommen. Ein inhaltlicher Schwerpunkt liegt ganz klar auf dem Thema interaktive elektrische Zahnbürsten. Die Bedeutung von Zahnbürsten kann gar nicht hoch genug eingeschätzt werden, vor allem in Bezug auf die Mundpflege. Außerdem stehen Frauen, Männer, Eltern, Kinder und Menschen im Blickpunkt. Das sollte die gesellschaftliche Relevanz des vorliegenden Druckerzeugnisses unterstreichen, denn es gilt: Das Persönliche ist politisch! Eine Parole, die zu den wesentlichen und sehr richtigen Kernaussagen des Feminismus gehört, zusammen mit »Laber mich nicht voll!« und »Nein, du kannst hier nicht übernachten!«. Tiefgreifend und nachhaltig beeinflusst das Private den Staatsmann. Regieren heißt kompensieren. Pickel in der Pubertät, mangelnde Anerkennung durch die Klassengemeinschaft, allgemeiner Lebensfrust oder die Vereinsmitgliedschaft bei Hannover 96 – anders sind die meisten Kanzlerkandidaturen gar nicht zu erklären. Und nun etwas Persönliches vom Autor: Ich gestehe, ich klaue ab und zu. Allerdings nur bei mir selbst! Autokleptomanie – ein weltweit unterschätztes Problem. Ein Teil der versammelten Texte basiert auf Nummern aus meinen Kabarett-Programmen. So. Jetzt ist es raus. Danke für das Verständnis und bis gleich, wir sehen uns im Buch.

Männer, Frauen, Gegenstände

Doppelgänger

Kennen Sie diese unglaublich unzertrennlichen Paare, die immer alles gemeinsam machen? Violetta und ich waren so ein Paar. Wir lasen, kochten, sporteten gemeinsam. Wir hatten einen gemeinsamen Lieblingsfilm (Das Leben ist schön), eine gemeinsame Lieblingsband (Element of Crime), eine gemeinsame Lieblingsfluggesellschaft (Air France), ein gemeinsames Lieblingsurlaubsziel (Berge), ein gemeinsames Lieblingsgeschirr (Alessi), einen gemeinsamen Lieblingsespresso (Illy), ein gemeinsames Lieblingstelefon (Bang & Olufson). Alles geemeiinsam. Wenn wir etwas mal nicht gemeinsam erlebten, sagte ich: »Das neue Buch von Walser? Nee, habe ich nicht gelesen. Die Vio hat es gelesen. Aber ich fand es auch gut.«

Ja, wir waren unglaublich solidarisch und unglaublich nett zueinander. Gespräche liefen ungefähr so ab:

Sie: »Hallo, Schatz! Wie ist es dir ergangen, Schatz?«
Ich: »Schlecht, Schatz. Die Zeit ohne dich war schrecklich, Schatz.«
Sie: »Schatz, ich habe es auch kaum ausgehalten ohne dich. Schatz, versprich mir, dass du nie wieder alleine die Post von unten hochholst!«

Solche Trennungen nahmen wir stets zum Anlass, danach noch enger zusammenzurücken. Wir kauften uns markengleiche Fahrräder, die im Hof immer aneinanderlehnten, als hätten sie ihrerseits ein inniges Verhältnis.

Wir kauften uns einen Pulsmesser. So konnten wir Hand in Hand joggen und überprüfen, ob unsere Herzen auch wirklich gemeinsam schlagen.

Wir kauften dieselben Klamotten. Damit hatte ich anfangs Schwierigkeiten. Aber Violetta überzeugte mich, dass es gut für unsere Beziehung ist. Zumal ich zugeben muss, dass Röcke sehr bequem sind.

Wir wurden uns auch in Wortwahl, Tonfall, Gestikulation, ja bis in die Physiognomie hinein immer ähnlicher. Einmal hatte ich ein unglaublich intensives Gespräch mit Vio. Nach zwei Stunden merkte ich, dass ich vorm Spiegel stehe.

Das war der Moment, als ich mich dann doch fragen musste: Wer bin ich, wo bin ich? Ist es das Leben, das ich leben will? Wie konnte ich in so etwas hineingeraten? Ich war ziemlich runtergekommen. Ich pinkelte sogar im Sitzen. Und zwar im Wald. Ich brauchte dringend Hilfe. Ich sprach mit meinem Freund Joschel, einem großen Frauenkenner und Psychologen: »Eure Synchronizität ist kein Ausdruck von Gleichklang, sondern von Egoismus zu zweit. Ihr macht euch ähnlich, d.h. ihr liebt nicht den anderen, sondern im anderen euch selbst. Hinzu kommt diese konsumistische Grundhaltung. Ihr definiert euch über Produkte. Ein Zeichen von Entfremdung.«

»Aber was soll ich tun, Joschel?«

»Du musst eigensinnig werden.«

»Stimmt. Das ist gut. Eigensinnig. Richtig. Aber was mache ich, wenn Vio damit nicht einverstanden ist?«

Er machte mir klar, dass ich tief in einer Suchtbeziehung steckte, die von gegenseitigen Abhängigkeiten bestimmt würde. Solche Affären könnten mit Mord und Totschlag enden und, wenn es ganz schlimm kommt, vorm Traualtar.

»Mach dich auf was gefasst! Sie wird es nicht mögen. Es kann sein, dass ihr euch trennt. Aber du musst da was ändern.«

Ich änderte etwas. Ich machte mich auf was gefasst. Sie mochte es nicht. Wir trennten uns.

Doch ich habe viel gelernt in dieser Zeit. Ich weiß jetzt, was ich von einer Partnerschaft erwarte. Sie funktioniert nur zwischen zwei reifen, souveränen Persönlichkeiten, in der sie die Reife und die Souveränität aufbringt zu akzeptieren, dass gemacht wird, was ich sage.

Violetta und ich sind übrigens gute Freunde geblieben. Sie hat schon wieder einen neuen Partner. Ich sah sie neulich im Café Einstein. Beide trugen die gleichen Krawatten. Ich grüßte: »Hallo, Vio! Hallo, Joschel!«.

Schnell-Treffen

Speed-Dating ist eine relativ neue Form des Sich-Kennenlernens, geeignet für aufgeschlossene, paarungsbereite Großstädter, die nicht nur unter Zeitmangel leiden. »SD«, wie Kenner sagen, findet in Hinterzimmern von Kneipen oder Restaurants statt. Zehn Männer und zehn Frauen sitzen sich gegenüber. Es können gleichfalls zwölf oder acht sein. Hauptsache, man hat eine Auswahl wie in jedem anderen Bordell auch. Jeder redet mit jedem Teilnehmer des jeweils anderen Geschlechts drei Minuten lang und rutscht dann weiter. Kurz: Es handelt sich um eine Art Reise nach Jerusalem für Erwachsene mit Triebstau. Traditionell werden ein paar Eckdaten ausgetauscht: Name, Herkunft, Schuhgröße. Viel mehr Herzblut ist aus zeitlichen Gründen nicht möglich. Die Blutgruppe kommt manchmal zur Sprache, ein Trend aus Japan. Soll angeblich viel über den Charakter aussagen. Hier ein ungekürzter Dialog aus einer solchen Veranstaltung:

»Hallo, ich bin Blutgruppe A, und du?«
»Ich heiße Rebekka und was ist dein Sternzeichen?«
»Potsdam.«
»Schade, der Name Manfred und Yoga passen leider nicht zusammen.«
»Ich heiße doch gar nicht Yoga.«
»War nett.«
»Bis dann.«

Einige Wissenschaftler vertreten die Ansicht, es hieße Speed-Dating, weil bei diesen Zusammenkünften tatsächlich Drogen im Spiel sind. Das ist aber eine oberflächliche und diskriminierende Betrachtungsweise, denn die Teilnehmer sind nur substituiert, weil sie sich in psychiatrischer Behandlung befinden.

Ich habe da auch mal mitgemacht. Aber rein aus Interesse. Um zu recherchieren. Weil ich wissen wollte, wie so etwas abläuft. Interessehalber. Weil es mich interessiert hat. Aus Interesse. Eigentlich stehe ich auf dem Standpunkt, dass Beziehungen nicht zu organisieren sind wie Fachmessen für Innenraum-Ausstattung. Nachhaltigen Begegnungen von Mann und Frau liegt immer eine schicksalhafte Bestimmung zu Grunde, oder zumindest eine abgezahlte Eigentumswohnung und ein Aktiendepot mit renditestarken Substanzwerten.

Doch wider Erwarten hörte ich auch beim Schnell-Treffen die Schicksalsglocke läuten! Die Schicksalsglocke trug eine enge Jeans und ein schwarzes Top aus Leinen. Sie klang vertraut und eindringlich. Um ein anderes Bild zu bemühen: Die untergegangene Sonne meines früheren Lebens hatte an diesem Abend offenbar die Idee, mal wieder am Horizont der Eitelkeiten aufzutauchen, wollte mal sehen, wie hell sie in den Augen meiner gierigen Geschlechtsgenossen noch strahlt. Turnusgemäß hatten wir irgendwann miteinander zu reden: »Violetta, wie findest du das denn hier? In der kurzen Zeit kannst du das Wesen eines Menschen gar nicht erfassen! Total oberflächlich! Drei Minuten, also bitte!« »Wieso? Ich habe dich schon schneller kommen und wieder gehen sehen.« Wir verstanden uns immer noch prima. »Wollen wir mal auf einen Kaff…«, und prompt war die Zeit abgelaufen. Schon sprach ich mit Wassermann, 1 Meter 70, München. Ganz sympathisch: Augen, Haare, Mund. Eine ausführlichere Anamnese ließen die Spielregeln nicht zu, musste mich ja noch auf das Gespräch konzentrieren. Als wir unsere Blutgruppen thematisierten, rief Violetta für alle hörbar: »Er ist eine Null!«

Kein sentimentaler Typ, sehnte ich mich an diesem Abend ausnahmsweise nach Romantik und großen Gefühlen! Wie von H. G. Wells' Zeitmaschine angetrieben katapultierte mich dieser Wunsch in ein anderes Jahrhundert. Prompt fand ich mich wieder im Körper von Fürst Hermann Pückler (1785–1871), einem preußischen Dandy, der nicht nur das bekannte Tricolore-Eis erfunden, sondern auch paradiesische Gärten angelegt hat. Außerdem ging er bei seinen zahlreichen Rendezvous so raffiniert wie einfallsreich vor. Einmal warb er um eine Frau, indem er Unter den Linden vorfuhr – in einer weißen Kutsche, die von zwölf weißen Hirschen gezogen wurde! Was er der Herz-Dame wohl erzählt hat?

»Verehrteste! Darf ich Ihnen meine höflichste Aufwartung machen, Sie auf eine Stadt- wie Landpartie invitieren – zu Ihrem Plaisier –, um Sie, unsere bereits zart geknüpften Bande auf das Innigste verfestigend, in Bälde zu einem ewigen vom Himmelreich beglaubigten Bündnis zu führen? Übrigens meine Blutgruppe ist Null Rhesus-Negativ.«

Schon hatte mich die Wirklichkeit des 21. Jahrhunderts wieder eingeholt. So eine Aktion wie die mit der Hirschkutsche wäre in unseren Tagen ja völlig unmöglich. Unter den Linden herrscht Parkverbot! Und Halten in der zweiten Reihe? Das Ordnungsamt würde die beiden fliegenden Turteltauben unvermittelt ausbremsen wie eine geputzte Fensterscheibe. Und wegen der Hirsche kämen ihnen mit Farbbeuteln bewaffnete Tierschützer in die Quere, so schnell kannst du gar nicht gucken – nicht mal beim SD.

Stellungnahme des Junggesellen Kalle K.

In this theatre that I call my soul
I always play the starring role
The Police

Ich bin Single. Ich sage das nicht gerne, denn mit dem Begriff Single sind viele Vorurteile verbunden. Singles gelten als eitel und einsam. Das ist Quatsch, zumindest in meinem Fall. Musik anmachen, tanzen, sich tief in die Augen schauen – finde ich super. Aber ich gebe zu: Nach zwei Stunden reicht es mir, und dann stelle ich den Spiegel auch wieder weg.

Familienväter, das kann ich euch sagen, die sind wirklich introvertiert! Sie vernachlässigen ihren Freundeskreis. Die haben keine Zeit mehr auf ein Bier. Die machen vielleicht auch nächtelang durch, aber nur weil das Kind zahnt. Sie reden nicht mehr über Fußball, sondern nur über »die günstigen saugfesten Windeln im Babylove Jumbopack«. Da können nur Insider mitreden. Unsozial!

Ich bin total gesellig. Immer offen für einen Talk. Heute Morgen ging ich runter auf die Straße und habe einfach mit dem Nächstbesten gequatscht. Über dies und das. Über Gott und die Welt. Das hat nicht nur mir gutgetan. Ich bin sicher, die Laterne hat sich auch gefreut, dass mal jemand mit ihr redet. Später kamen dann noch die Personen dazu, die auf den 148er wartete. Mir ist es wichtig, regelmäßig unter Leute zu kommen.

Du musst aufgeschlossen sein. Das ist das A und O. Ich bin offen für Neues, ich probiere alles aus. Guarana, Xanax, Prozac. Der Doktor meinte schon, ich sei tablettenabhängig. Ich habe gesagt: Jetzt machen Sie sich mal keine Sorgen, ich nehme was ein dagegen.

Ich will mich einfach gut fühlen. Wenn ich mich nicht gut fühle, habe ich keine Ausstrahlung, also auch keine Chancen. Neulich bin ich auf die Piste gegangen, habe mich mit Pheromonen eingesprüht. Das sind Lockstoffe aus der Natur. Gibt es in so einem Spray in starker Konzentration. Die Wirkung auf Weibchen ist tatsächlich phänomenal. Ich bin durch die Kneipen und Bars gezogen. Nach einer Weile hatte ich hinter mir einen ganzen Schwarm von Fliegen und Dackeln.

Ein One-Night-Stand hat sich ergeben. Tine. War wirklich nett. Hätte sie sogar gerne näher kennengelernt. Wir lagen im Bett. Bei der Zigarette danach frage ich sie, wie sie heißt. Fragt sie zurück, ob ich sie »irgendwie anmachen« will. Es hätte sie gestört, dass ich immer »Du bist so toll, du bist echt so toll!« gerufen und dabei meinen eigenen Hintern gestreichelt habe. Zicke!

Sorry, aber Selbstvertrauen ist einfach wichtig! Wichtig ist, dass du keine graue Maus bist. Wichtig ist, dass du auffällst. Mein letzter Post auf der Dating-Seite lautete: »Alter, blasser und kränklicher Typ (Hobbys: Wehklagen und Hämorrhoiden) sucht morbide Sie mit ähnlichen Interessen. Spätere gemeinsame Kuraufenthalte nicht ausgeschlossen.« Da bekam ich dann auch echt Rückmeldungen. Und jetzt nicht nur von der Polizei, Soko Stalker! Die Frauen, die sich gemeldet haben, waren leider älter und sahen kränklich aus. Einige wollten mit mir sofort einen Kuraufenthalt machen. Das fand ich nicht so gut.

Aber was soll's. Mit Frauen läuft eh viel. Kürzlich hat sich eine Ex von mir gemeldet. Sie meinte: »Wollen wir es nicht noch mal probieren? So schlecht war es doch nicht. Kannst jederzeit wieder zu mir ziehen!« Aber ich habe knallhart reagiert und geantwortet: »Das kommt nicht in Frage, Mutter! Vielleicht nächste Woche.«

Der Doktor meinte schon, ich hätte »eine durch einen Mutterkomplex bedingte narzisstische Störung mit hypochondrischen und schizoiden Tendenzen«. Das hat mich beunruhigt. Ich meine: Wie kommt der dazu, so was zu sagen? Was glaubt er, wer er ist? Arzt, oder was?

Da ist mir das Urteil meiner Freunde auch echt wichtiger. Habe mit meinem besten Kumpel gequatscht. Stimmt das? Ist da was dran? Wie siehst du das? Und wisst ihr, was mir der Spiegel gesagt hat? »Kalle«, hat er gesagt, »mach dir mal keine Sorgen! Für Narzissmus bist du viel zu vollkommen!«

Auf die Technik kommt es an

Meine neue Nachbarin war gerade erst eingezogen. Es gab noch gar keine Gelegenheit, sich anzuschreien, geschweige denn, einen üblen Nachbarschaftsstreit vom Zaun zu brechen. Trotzdem hatte ich schon bei ihr verschissen. Gut, sie war sehr schlecht gelaunt, als ich sie vor der Haustür traf und wir das erste Mal ein paar Worte wechselten. Mit »Und?« beziehungsweise »Na?« blieb unsere Konversation etwas an der Oberfläche. Aber sonst? Manche Menschen machen einfach andere Leute für ihr Missgeschick oder ihre miese Stimmung verantwortlich, da musst du nicht mal der Überbringer einer schlechten Nachricht oder so sein. Manchmal reicht unbeteiligte Anwesenheit völlig aus, und die betreffenden Menschen geben dir mit Blicken und Gesten zu verstehen: »Du bist schuld! Ja, wer denn sonst?!«

Eigentlich eine Marktlücke. Es wäre sehr hilfreich – im Sinne eines gedeihlichen sozialen Miteinanders –, wenn professionelle Opfer diese Aufgabe übernehmen würden. Verlierertypen, die gut bezahlt werden und rund um die Uhr zur Verfügung stehen, um einen Anschiss entgegenzunehmen. »Sie sind unreflektiert, selbstgerecht und haben keinen Ehepartner, dem Sie etwas ankreiden können? Unsere Mitarbeiter lassen sich gerne beschimpfen! Einfach online gehen und einen Loser bestellen: www.arschlochhilfe.de«

Eine technische Lösung erscheint ebenfalls denkbar. Wie wäre es mit einem Punchingball aus Leder inklusive integriertem Lautsprecher, einer Art Anschissbirne? Die kann man bepöbeln und schlagen, und im Gegenzug lässt sie etwas los wie: »Es tut mir leid! Es wird nie wieder vorkommen! Ich weiß: Du hast es mir schon drei Mal gesagt und ich habe es immer noch nicht kapiert. Werde ich es denn nie kapieren? Ich bin so blöd! Wie blöd bin ich denn?!«

Wobei Katja auch ein bisschen einen Grund hatte, auf mich sauer zu sein, muss ich zugeben. Ich stellte mich ziemlich blöd an. Sie kam gerade vom Laufen und fand ihren Schlüssel nicht. »Wohl keine Schlüsselsuchfunktion-App auf deinem iPhone, was?!«, kalauerte ich. Das war unverschämt von mir, aber nicht die Ursache ihres Entsetzens, wie mir wenig später klar wurde. »Hat jemand einen Zweitschlüssel, kannste den anrufen?«, versuchte ich konstruktiv zu korrigieren. Sie schaute mich an, als hätte ich etwas sehr Dummes gesagt: »Wie anrufen?« »Du hast doch ein iPhone da!«, erwiderte ich, auf ihren iPod deutend. Ich demonstrierte völlige technische Ahnungslosigkeit. Wahrscheinlich hätte ich genauso gut sagen können: »Keine Ahnung, warum ich heute solche Blähungen habe, normalerweise vertrage ich die selbst gemachte Schimpansen-Sülze sehr gut.« Mich aufzuklären, war ihr offensichtlich zuwider:

»Iskein iPhone, ssin iPod.«
»Ah… Oh… Genau, meine ich ja. Gibt es ja auch als.. Guck, das hab' ich! Auch Kopfhörer für Musik hier, aber ich kann telefonieren. Das ist dann ein … äh iPhone.«
»Ich kann die Nummer nicht auswendig.«
»Wie?«

»Na, die Nummer von der Freundin, die den Zweit-schlüssel hat.«

»Ach so. Klar. Willst du sie anrufen mit meinem Tele-fon?«

Die Augen verengten sich zu Schlitzen, ihr Kopf zuckte zeit-gleich zurück und wollte sich in den Nacken verkriechen. Offensichtlich attestierte sie mir völlige Unzurechnungsfä-higkeit. Es half auch nicht zu sagen: »Willst du bei mir oben warten, während deine Freundin den Schlüssel bringt?« Die Augen verdrehend lief sie weg. Es war weniger ein Laufen als ein Davonrennen.

Noch im Nachhinein fühle ich mich peinlich berührt, weil ich eigentlich ein Technik-Freund bin. Ja, ich mag Technik, obwohl ich tatsächlich nicht viel Ahnung habe. Ich sehe es pragmatisch. Geräte erleichtern das Leben erheblich. Ich nehme mal meinen Espresso-Automaten. Morgens begrüßt er mich netterweise über sein Display: »Herzlich willkom-men!« – eine Freundlichkeit, die man im Alltag von den Mitbürgern nicht so ohne Weiteres erwarten kann.

Außerdem gibt sich der Kaffeevollautomat angenehm unkompliziert. Spricht offen über seine Bedürfnisse: »Ab-fallbehälter leeren!« Alle paar Wochen lese ich: »Bitte rei-nigen!« Er ist tolerant. Er motzt nicht, wenn ich seinen Anordnungen erst mit Verspätung Folge leiste. Grummel, wie ich ihn zärtlich nenne, weil er immer so schnurrt und rattert bei der Arbeit, meldet seine Wünsche einfach erneut an: »Bitte reinigen!« oder »Bitte entkalken!« Und: Egal, was passiert. Egal, wie ich mich verhalte. Beim Abschalten verabschiedet er sich stets zuvorkommend mit den Worten: »Auf Wiedersehen!« Großartig! Ich meine, wann habe ich denn Geduld, Verständnis und Höflichkeit zuletzt von einem Wesen menschlicher Art erfahren? Von meiner Nachbarin jedenfalls nicht.

Eine Frage stellt sich allerdings: Bin ich objektophil? Ja, Objektophilie heißt eine Krankheit. Um es politisch korrekter zu formulieren: eine Neigung, die mein Rechtschreibprogramm aber offenbar nicht kennt. Sonst wäre dieses Wort auf meinem Rechner jetzt nicht rot unterringelt. Das Lexikon sagt eindeutig: »Als Objektophilie wird die innige Beziehung von Menschen zu unbelebten Objekten bezeichnet.« Das kann ein Stofftier sein, ein Modellbau-Schiff, ein ganz reales Hochhaus. Wenn es schlecht läuft, müssen Objektophile mehrmals am Tag eine viel befahrene Straße umarmen.

Oft sind diese Menschen von Menschen enttäuscht worden. Einige waren verheiratet und haben irgendwann festgestellt, dass das stillgelegte Parkhaus um die Ecke unternehmungslustiger ist als ihr Ehemann. Im Internet kursiert ein Video von einer Frau, die ein libidinöses Verhältnis zu ihrem Balkon pflegt. Ich stelle mir das sehr nett vor und kann es gut nachvollziehen. Ein Balkon als idealer Aufenthaltsort. Man ist draußen und gleichzeitig drinnen, und dann doch wieder draußen. Der Bericht vermittelt auch den Eindruck, als würde diese Partnerschaft sehr harmonisch verlaufen. Trotzdem wirft Objektophilie natürlich Fragen auf, etwa: Wie kuschelt man mit einer Kettensäge? Nennt man eine Beziehung zu einem Elektrogerät On-off-

Beziehung? Kommt im Fall der Balkon-Frau auch mal der Vorwurf »Du hängst immer nur rum«?

Es ist natürlich leicht, einen Kübel Häme über diesen Leuten auszuschütten. Doch ehrlich: Sind wir nicht alle ein wenig objektophil? Wir Normalos, die wir ständig am Smartphone rumfingern? Das Auto wienern? Den Laptop auf dem Schoß (Hallo!) halten? Mein Laptop scheint anderer Auffassung zu sein, er streicht das Wort objektophil erneut rot an. Ich glaube, er kann mich nicht ausstehen. Das wäre wieder typisch. Das Problem ist: Ich mag Technik, aber Technik mag mich nicht. Es ist eine sehr einseitige Beziehung. Ja, meine Technik-Begeisterung begleitet eine tragische Komponente. Bin zudem mit den klassischen zwei linken Händen gesegnet. Kann nicht mal eine Birne wechseln, ohne einen Kurzschluss zu verursachen. Es ist, als würden die Geräte sagen: »Oh, er schon wieder. Wo gehen wir bloß hin? Am besten, wir gehen in die Binsen.«

Ich behandele Geräte zugegebenermaßen nicht besonders gut. Ich besitze Objekte, weil sie mir niedrige Arbeit abnehmen, weil ich mit ihnen angeben will oder nur so zum Spaß. Vielleicht fühlen sich die Geräte dementsprechend benutzt. Ich besitze unter anderem ein piepsendes Blutdruckmessgerät, ein Trainingsgerät, um die Kilos wegzustrampeln, einen LED-Zweitfernseher, einen Handstaubsauger, einen Ventilator und einen Toaster, der noch Krümel aus dem vorigen Jahrtausend beheimatet. Außerdem nenne ich einen sprechenden chinesischen Taschenrechner mein Eigen. Er gibt die Zahlen, die man eintippt, immer laut an: Miau! In meinen Ohren klingt jede Zahl ziemlich authentisch nach Katze. Klasse!

Meine neueste Errungenschaft: eine elektrische Zahnbürste! Bin ich stolz auf das Teil! Es handelt sich nämlich um keine x-beliebige Zahnbürste, sondern um den ultimativen Karieskiller der Premiumklasse! Die Produktbezeichnung lautet Oral Space Saubermann Blitz Blank Dent Orbit Eins! O.k., die Zahnbürste heißt nicht wirklich so, aber so lautet auf jeden Fall der gefühlte Name. Denn der Vorgang des Zähneputzens hat mit dem Zähneputzen im klassischen Sinne nur noch wenig zu tun. Es geht vielmehr um ein Kärchern auf hohem subtilen Niveau, um einen Hightech-Reinigungsvorgang. Dabei ist der Reinigungsmodus nur eine von fünf Funktionen. Auch ein Intensiv-Programm, Massage- und Polierfunktionen stehen zur Verfügung. Das fünfte Programm verstehe ich nicht. Es rattert auf jeden Fall sehr eindrucksvoll. Ich benutze es regelmäßig.

Und das war es noch lange nicht! Nein, es geht noch weiter! Als Aufsatz stehen fünf verschiedene Bürstenköpfe zur Verfügung. Einer sieht aus wie ein Seepferdchen, ein anderer wie ein bizarres Geschöpf aus der Tiefsee, ein dritter erweckt den Anschein, als hätte er etwas mit der künftigen Mars-Mission zu tun. Wobei: Was heißt eigentlich »Bürstenköpfe«? Das klingt viel zu simpel. Unterschiedlichste Werkstoffe, von Sillikon bis Kautschuk, jedes Material in einer anderen Farbe gehalten, bilden die Grundlage des schmucken Ensembles. Das Ganze bietet definitiv nicht nur ein hygienisches, sondern auch ein ästhetisches Erlebnis!

Summa summarum: Zum Leistungsumfang gehören fünf Bürstenköpfe und fünf Modi! Welche Möglichkeiten tun sich da auf, welch erstaunlicher Spielraum eröffnet sich! Ich rechne mal schnell durch, wozu habe ich denn den Taschenrechner aus Tsingtao? Miau x Miau = Miau Miau! In der Sprache des Westens: 25! Im Klartext. Bedeutet das. Ich kann mir. Auf fünfundzwanzig verschiedene Arten. Die Zähne putzen! Das zeigt, welch hohen Stand der Zivilisation wir inzwischen erreicht haben. Ich sage das allen Kulturpessimisten zum Trotz. Gut, morgens und abends bin ich jetzt jeweils 1 Stunde und 15 Minuten mit dem Säubern meiner Kauleiste beschäftigt. Und dann gibt es ja auch noch die untere Zahnreihe. Schmutzig sind die Zähne eigentlich nicht. Zum Essen habe ich nur noch selten Zeit. Doch mal ehrlich: Es gibt ungesündere Hobbys.

Das wirklich Faszinierende aber ist die tolle Kommunikation, die ich mit diesem Hammer-Gadget und seinem Gehirn pflege. Als Zentralorgan des Apparates fungiert nämlich eine Uhr samt digitaler Anzeige, die darauf achtet, dass ich auch richtig putze. Leicht, doch mit sanfter Intensität habe ich die Beißerchen zu bearbeiten. Übe ich zu viel Druck aus, trötet das sensible Reinigungsinstrument beleidigt und das Smiley im Display zieht einen Flunsch. Unterschreite ich die erforderliche Putzzeit, erhalte ich nicht die volle Sternchen-Zahl. Nein. Nur drei von vier Sternchen gibt es dann. Außerdem schenkt mir das Smiley kein abschließendes Lächeln. Nein. Das Gesicht schaut sehr vorwurfsvoll, wenn ich zu früh aufgebe. Psychologisch gesehen natürlich eine ausgeklügelte und raffinierte Angelegenheit.

Das Smiley übernimmt quasi die Funktion, die früher Mutter hatte, und lässt entsprechend liebevolle Strenge walten. Abschließend reinige ich das Reinigungsinstrument, löse den Bürstenkopf, platziere ihn in seiner Garage, schließe den Bürstenkopfbehälterdeckel. Setze die Oral Space Saubermann Blitz Blank Dent Orbit Eins zurück auf die Akkustation, was sie immer mit einem zufriedenen Signalton quittiert, bevor sie in den Standby-Modus geht und ihr blaues Positionslicht einschaltet. Ich glaube allerdings nicht, dass sie immer auf der Dockstation bleibt. Ich glaube, nachts fliegt sie auf ihren Heimatplaneten zurück.

Machen wir uns nichts vor. Technische Geräte, allen voran natürlich Kraftfahrzeuge, dienen immer auch repräsentativen Zwecken. Zahnbürsten wurden in der Hinsicht bisher allerdings unterschätzt. Ich will das ändern. Ich gehe immer öfter mal nach draußen und zeige das Teil. Der Akku packt ja locker 12 Stunden. O.k., die Leute schauen erst mal ein wenig skeptisch, wenn ich nach dem Essen im Restaurant meine Elektro-Zahnbürste raushole. Aber bereits zehn Minuten später schauen sie schon nicht mehr skeptisch, sondern angewidert. Klar. Ist der pure Neid! Das Sound-Design von dem Ding geht in Richtung Porsche Carrera! Im Miro's hat mir der ewiggestrige Geschäftsführer Hausverbot erteilt. Dabei habe ich die Zahnpasta nie auf den Boden ausgespuckt. Immer auf den leeren Teller! Mein ausgesuchtes Bonmot »Du servierst deine Pasta doch auch auf dem Teller« wollte der ahnungslose Apulier nicht gelten lassen. Und wo steht eigentlich, dass man mit Chianti nicht gurgeln darf? Aber so läuft das halt, wenn du Statussymbole präsentierst. Du steigst im Ansehen der Leute – auch wenn die Reputation manchmal nachlässt.

Ich gebe zu. Das iPhone habe ich im Wesentlichen aus demselben Grund erstanden. Die weißen Kopfhörer sind so lässig. Die machen einfach was her. Ich gehe manchmal sogar ohne das Smartphone aus dem Haus. Die Kopfhörer reichen vollkommen aus. Wenn ich dann locker den Kopf wiege, geschmeidig mit den Hüften wackele, ist mir die Anerkennung der Passanten sicher.

Bevor diese unangenehme Sache passierte, war ich eigentlich ganz gut gelaunt. Hatte meine Ohrstöpsel drin, eine Einkaufstüte in der linken Hand. Mit der rechten putzte ich die hinteren Bereiche meiner Mundhöhle. Vor meiner Wohnungstür blieb ich stehen.

Stelle die Tüte ab, um nach dem Schlüssel zu greifen. Außentasche. Da ist er. Immer. Rechts oder links. In einer der beiden Außentaschen, immer. Genau da ist er! Nein. Doch nicht. Das ist was anderes. Was ist das? Kaugummi? Muss an einer anderen Stelle nachschauen. Klemme die Zahnbürste unter meinen Arm. Dabei geht sie wieder los. Sie möchte eine Verbindung mit dem Kopfhörer-Kabel eingehen. Es gelingt ihr. Die Strippe verwickelt sich irgendwie mit meinen Gliedmaßen und einem Teil des Gesichts. Ich stolpere dezent. Die Tüte fällt um. Will sie aufheben. Das Licht im Flur geht aus. Ich taste nach dem Lichtschalter. Ich trete in den Magerquark. Falle hin. Das Licht im Flur geht zum Glück wieder an.

»Was ist los?«, fragt meine Nachbarin im Pyjama. »Lockeres Aufbautraining, Dehnungsübungen und so.« »Du hast nicht zufällig den Schlüssel vergessen?« »Wie kommst du darauf?« »Wohl keine Schlüsselsuchfunktion-App auf deinem iPhone, was?!« »Nein.« »Hat jemand einen Zweitschlüssel, kannste den anrufen?« »Ja, kann ich! Ich habe nämlich mein iPhone dabei!« Taste nach dem Telefon. Habe es zum Glück mitgenommen. Diesmal nicht nur das Kabel. So ein Schwein! Ergreife das Telefon. Das Telefon sagt »Miau«.

Katja meint: »Du hast ein interessantes Smartphone. Vermutlich aus chinesischer Produktion. Kannst du damit auch telefonieren? Das kann ich mit meinem iPod ja leider nicht.«

Es war an der Zeit, bedingungslos zu kapitulieren und Erniedrigungen entgegenzunehmen. »Willst du bei mir warten, während dein Freund den Zweitschlüssel bringt?« Es kam knüppeldick. Und wurde noch schlimmer. Ich torkelte in ihre Wohnung. Kaum hatte sie die Tür geschlossen, musste ich mir Folgendes anhören: »Ich weiß, wo dein Schlüssel ist. Du hast ihn an der Tür hängen lassen, als du weg bist. Ich habe ihn abgezogen.« »Ein Glück! Her damit!« Das diabolische Grinsen, das Katja in dem Moment an den Tag legte, konnte mit Heath Ledgers Joker-Feixen gut mithalten. Auf unangenehme Weise näherte sie sich meiner linken Gesichtshälfte. Pustete erst gegen die Koteletten, um dann mein Ohr zu beflüstern: »Du bekommst ihn natürlich zurück, du musst mir nur eine klitzekleine Gefälligkeit erweisen.« Ich warf einen Blick ins Wohnzimmer. Auf dem Sofa saßen Freundinnen im Schlafanzug. »Pyjama-Party, oder was?« »Mach eine kleine Show und streng dich an! Je überzeugender du bist, desto größer die Wahrscheinlichkeit, dass du deinen Wohnungsschlüssel zurückbekommst«, zischte die Teufelin. Die Freundinnen auf dem Sofa schauten missmutig. »Ist das der Stripper, den du uns versprochen hast?« »Nein, das ist der Clown, den ich euch versprochen habe.« »Bäh, Comedy«, nörgelte eine Dame im Diddlmaus-Schlafanzug, der sehr nach Comedy aussah. »Was soll ich denn … Wie soll ich denn …« stammelte ich. Ein mäßiger Showbeginn. »Wir wollten Karaoke singen, das machst du doch bestimmt gerne.«

Ich sang »An Tagen wie diesen…« mit einer möglichst tiefen Barry-White-Stimme. Zwischen den Zeilen des Refrains ließ ich immer die Zahnbürste aufheulen und setzte am Ende geschickt synkopisch den Taschenrechner ein: »… haben wir noch ewig Zeit. Miau.« Eine künstlerisch wertvolle Untermalung. Passte prima zur Katzenmusik der Toten Hosen. Die Damen waren entzückt! Offenbar leicht zu beeindrucken. Alles in allem ein locker verdienter Zugang zu meiner Wohnung. O.k., von mir aus wäre das Ganze mit weniger Showelementen noch eindrucksvoller gewesen. Aus meiner Sicht war es nicht zwingend notwendig, den Song ohne Hemd vorzutragen. Hätte mich insgesamt ganz gerne besser vorbereitet. Eine rote Unterhose hätte die Euphorie des Liedes sicher noch besser illustriert. Andererseits wurde das Improvisierte der Situation mit der löchrigen Feinripp gut unterstrichen. Karaoke muss kleine Mängel aufweisen, sonst kommt es nicht authentisch.

Nur warum zum Henker streicht mein Rechtschreibprogramm jetzt wieder Karaoke rot an? Ist doch definitiv nicht falsch geschrieben! Karaoke – so ein geläufiges Wort. Ist der Rechner blöd, oder was? Manchmal reicht es mir einfach. Scheiß-Technik! Echt jetzt mal!

Chrysanthemen und andere Themen

Was mein Mund nicht sagen kann,
Sagen Tulpen aus Amsterdam
Mieke Telkamp

Pauschalurteile sind eigentlich tabu, da sich stets jemand findet, der eine Ausnahme bildet. Wenn es um Nationen oder Geschlechterrollen geht, gelten Verallgemeinerungen als besonders heikel. Trotzdem haben auch Klischees eine Berechtigung, denn meistens beruhen sie auf einer Wahrheit. Also: Frauen lieben Blumen. Und zwar mögen sie Blumen nicht wie ein modisches Sofa oder einen neuen Kühlschrank, sondern so richtig. Die bunten Auswüchse üben eine unerklärliche Faszination auf sie aus. Man kann von Magie sprechen. Wenn sie dieses gezüchtete Gestrüpp sehen, sind bebende Lippen, funkelnde Augen, hohe Töne als Ausdruck des Entzückens zu vernehmen. Machen sich viele nicht klar, was für ein Bringer Blumen sind. Da kann der größte Zoff gewesen sein:

»Du Arsch, mir reicht's!«
»Hier sind ein paar Tulpen.«
»Oh, wie lieb!«

Die Botanik regelt Konflikte auf wundersame Weise. Für Männer eher nicht nachvollziehbar, »wie so ein Scheiß-Grünzeug« diesen Effekt auslösen kann. Wir sind da vielleicht zu nüchtern, zu unpoetisch, sagen uns: tja Blumen, hm. Was ist das? Zellulose, Stängel, Blätter, Blüten. Wenn man es genau nimmt: Kompost im Vorstadium.

Die meisten sehen es aber pragmatisch und sagen sich: Egal warum – Hauptsache, sie beruhigt sich wieder. Schenken Blumen, ohne Überzeugung und ohne jeglichen Bezug. Das sieht man schon daran, wie manche Typen bei Geburtstagen oder Hochzeiten Blumen in der Hand halten. Wie einen Besen, eine Klobürste oder einen anderen Fremdkörper. Egal. Hauptsache, es funktioniert:

»Oh, Danke! Chrysanthemen!«
»Gerne! Ja, ich habe extra Chrisa, Kisa…«
»Die sind aber schön!«

Was geht in dem Moment in ihrem Kopf vor? Was denkt sie, wie ich zu den Blumen gekommen bin? Ich war mal eben unten im Laden, habe da 25 Euro hingeblättert. Ist doch kein Akt. Hätte sie auch selber machen können. Doch vielleicht erlebt sie in ihrem Inneren einen großen Film. Möglicherweise meint sie, dass ich sonst was unternommen habe, um an die Dinger heranzukommen. Unter Einsatz meines Lebens! Vielleicht glaubt sie, ich hätte ein Abenteuer bestanden:

Nachts um drei aufgestanden und extra nach Amsterdam gefahren. Bin durch die kalten Grachten geschwommen, um als Erster am Blumenmarkt zu sein! Dort habe ich mich mit lauter bekifften Käsköppen geprügelt. Ich habe den schönsten Blumenstrauß errungen. Klar, ich bin der Held, das Alphatier, der Prinz! Dann bin ich zurück über die Autobahn. Ich weiß:

Ich hätte fahren können, aber ich bin gelaufen! Habe mir die Blumen zwischen die Zähne geklemmt, musste mir ja selber noch eine Wunde nähen, um ihr abends um acht auf Knien die Blumen überreichen zu können: Hier für dich!

Was ist es? Ich könnte mir vorstellen, Blumen wecken bei ihr Erinnerungen an archaische Urzustände der Menschheit. An das Paradies, den Garten Eden. Das soll es ja konkret gegeben haben. Der Ostafrikanische Graben gilt als Wiege der Menschheit. Eine sehr fruchtbare Gegend, eine blühende Landschaft. Und deshalb: Wenn Frauen Blumen sehen, gibt es vermutlich einen regressiven Reflex im ältesten Teil des Gehirns, im Reptilien-Teil. Und daher diese Begeisterung.

Gut, man müsste noch einmal klären, warum es bei Männern nicht so funktioniert. Ich spreche aus Erfahrung. Violetta, eine frühere Freundin, hat mir mal ein Usambaraveilchen im selbst gemachten Tontopf geschenkt. Ich habe gesagt: »Oh, wie lieb.«, aber gedacht: »Oh, nein. Auch noch im Topf. Die muss ich regelmäßig gießen. Und wenn wir in den Urlaub fahren, muss ich die Nachbarn bitten, sich um das Ding zu kümmern. Dann erwarten die Dankbarkeit und Geschenke. Typisch. Eine Frau will einem Mann eine Freude machen, und was schenkt sie? Arbeit.«

Habe ich mir gesagt: »Na ja, lassen wir das ein paar Tage stehen, und dann verschwindet das einfach.« Aber nach einer Woche kam sie wieder:

»Wo ist eigentlich mein Veilchen?«
»Das Veilchen!«

»Das ich dir geschenkt habe.«

»Klar, das Veilchen!«

»Auf dem Fensterbrett ist es nicht.«

»Nicht?«

»Wo hast du es hingestellt?«

»Ich muss mal schauen, ich stelle es eigentlich jeden Tag woanders hin.«

»Was?«

»Es soll ja auch was sehen von der Welt.«

»Und wo ist es heute?«

»Mal schauen.«

»Du weißt es nicht?«

»Es ist ein sehr eigenständiges Veilchen.«

»Hör mal …«

»Ich habe es rausgetan.«

»Wie ›raus‹?«

»Raus in seine natürliche Umgebung. Ich bin für frei laufende Veilchen.«

»Red keinen Scheiß. WO IST DAS VEILCHEN???«

»Ich habe es … Ich … habe es eingepflanzt.«

»Wie ›eingepflanzt‹?«

»Unten im Hof.«

»Im Hof?«

»Doch, da ist nicht nur Asphalt, das kannst du nicht sehen, da hinten ist ein Stück Grünfläche. Die grüne Tonne.«

Das Smiley des Grauens

Mach dir keine Illusionen! Die Freundin deiner Freundin weiß alles! Datenschutz? Bestenfalls auf Google-Niveau. Ich weiß, wovon ich spreche. Einmal bekam ich beiläufig mit, wie die Prinzessin ein brisantes Telefongespräch führte. Nein, ich habe nicht »heimlich gelauscht«! Ich ging gerade vom Wohnzimmer in die Küche und zurück, und das immer und immer wieder. Danach musste ich Violetta zur Rede stellen:

»Wieso erzählst du Maike eigentlich, dass ich früher lange Bettnässer war?«
»Tut mir leid, aber das musste ich sagen, sonst hätte sie doch gar nicht verstanden, warum du manchmal Potenzprobleme hast.«

Möglicherweise lag der Mitteilungsdrang meiner Verflossenen in ihrer Biografie begründet. Sie hatte keine ganz leichte Kindheit. Dementsprechend brachte ich ein hohes Maß an Verständnis und Geduld auf: Was erwarte ich von einer Persönlichkeit, die Scheidungskind ist, früher mal ein Gewaltproblem hatte und ein Intimpiercing trägt? Das habe ich meinem Hausmeister erzählt. Aber der wusste es schon.

Ich kann tratschen! Natürlich. Auch meine männlichen Freunde haben öfter mal das Bedürfnis, sich auszusprechen. Jedenfalls die mit der schweren Kindheit. Das ist das Interessante an unserer Epoche! Endlich wird mit Stereotypen aufgeräumt! Vor ein paar Jahrzehnten schien noch klar zu sein: Frauen sind so und Männer sind so. Damals hat man beispielsweise zu jeder unpassenden Gelegenheit »Frauen und Technik...« von sich gegeben, dabei vielsagend vermessen die Augenbrauen hochgezogen. Heute wissen wir: Frauen und Technik – das geht ganz gut. Zum Beispiel gab es letztes Jahr diese Hammer-News, die ein besonders fieses Klischee widerlegte. Der Sieger in der Disziplin »Nach-hinten-Einparken mit einem Lastwagen« kommt aus Düsseldorf und heißt, tatatataaa: Sabine Langer. Und Sabine Langer ist blond, wie alle Zeitungen unbedingt erwähnen mussten.

Besser als Männer, mindestens aber hervorragend, können die meisten mit Kommunikationstechnik umgehen! Ich bin davon überzeugt: Wenn Vio auf der Intensivstation liegen würde, gehirntot, dann kann die immer noch eine SMS verschicken. Und zwar mit Smiley! Wo kommen Smileys eigentlich her, aus welchem Untermenü kommen die hochgekrochen? Und welche Bedeutung haben Lächelis?? »Damit möchte man eine Emotion erläutern«, versichern Schriftkundige. Aber Zeichensprache stiftet doch nur zusätzlich Verwirrung! Wie ist etwa ein Gesicht mit heruntergezogenen Mundwinkeln und dunkler Sonnenbrille zu übersetzen? Vielleicht mit: »Du bist blind, aber kannst mich trotzdem nach Hause fahren.«? Oder eventuell: »Ich habe Sartres pessimistische Weltsicht nie geteilt, nur heute geht es mir irgendwie echt mies.«? Oder: »Ich habe die Nacht durchgemacht und schwarze Augenringe wie Trauerkränze, aber die darfst du nicht mal sehen, wenn ich dir schreibe!«?

Ich gebe zu: Der nackte Neid kleidet sich hier in das Gewand der Gehässigkeit. Die kleinen Tasten erfordern filigrane Finger – wer mit groben und weniger geschickten Griffeln geschlagen ist, wird im Kampf ums Dasein klar benachteiligt! Short Message Service... Pff... Natürlich werden wichtige Botschaften transportiert, etwa: »Bin gleich da!« »Sitze dir im Restaurant schon gegenüber. Schreibe nur noch diese Kurznachricht an dich!« Meine Lieblingsfrage per SMS lautet ja: »Was machst du gerade?« Das bringt mich immer wieder in Verlegenheit. Was soll ich antworten? Vielleicht »Steige gerade in den Zug.« oder »Esse gerade, danach antworte ich dir.«?

Nein, du Penner! Sie will was Romantisches hören, du Nase! Sie will hören: Steige auf den Funkturm, um eine Botschaft an die Stadt und den Erdkreis loszuwerden, sie lautet: Du für immer! Ich werde mich mit einem Fallschirm-Base-Jump in die Tiefe stürzen, hinter mir eine Rauchfahne in deinen Lieblingsfarben herziehend! Sobald ich den Boden berühre, wird ein Feuerwerk entfacht, das neben Herzen und Rosen deinen Namen in den Abendhimmel schreibt! Und darüber erscheint ein riesiges Smiley!!!

»Du als Arzt weißt ja, wie neurotisch Patienten sein können. Gesundheit ist einfach eine Frage der Einstellung«, verkündete ich meine Philosophie. Wir saßen in einer lockeren Runde zusammen, darunter waren ein paar Bekannte von Bekannten, die ich nicht kannte. Ich versuchte, gehobene Konversation zu betreiben, doch im Grunde wollte ich mich bei Dr. Linda Steinbach nur einschleimen.

Ich mochte sie. Abgesehen davon: Als Hypochonder ist mir der Kontakt zu Medizinern einfach wichtig. Auch ohne Überweisungsschein nutze ich jede Gelegenheit, um mit ihnen über Körper, Seele und Geist zu reden. Einige verfügen über ein großartiges Wissen, und im Gespräch mit mir kann jeder Arzt noch etwas dazulernen.

Ich teile eine ganzheitliche Sichtweise. Ich glaube, alles hängt mit jedem zusammen und die Dinge sind in sinnvoller Weise miteinander verbunden: Gesundheit, Geschlecht, Sprache, das gesamte Universum und die verdammt leckere Milchschnitte Hippo, die inzwischen Choco Frisch heißt. Wer die noch nicht kennt, sollte sie unbedingt mal probieren. Liegt im Kühlregal vom Supermarkt. Hippo ist voll mit Industriezucker und gar nicht gesund, trotzdem fühlt man sich während des Verzehrs unfassbar eins mit dem Universum. Also ist sie in gewisser Weise doch gesund, was den Gedanken unterstreicht, den ich Frau Doktor nahebringen wollte: »Wusstest du? Allein der Gedanke, krank zu sein, kann eine Krankheit auslösen. Psychosomatik ist für dich als Arzt ja bestimmt kein Fremdwort.«

»Linda ist Ärztin«, unterbrach mich der Mann an ihrer Seite, der offenbar die ganze Zeit eine Schnittstelle in meiner Rede gesucht hatte, um seine Bemerkung einschieben zu können.

»Weiß ich.« Dachte erst, er wollte mir mitteilen, ich würde offene Türen einrennen. Was ich sage, wüsste sie als Mediziner sowieso schon. Doch dann wurde mir klar, dass ihn ein ganz anderes Thema bewegte.

»Du hast Arzt gesagt.«
»Weiß ich.«
»Sie ist Ärztin.«
»Aha.«
»Na ja, sie ist ja wohl eine Frau und dementsprechend sollte die Berufsbezeichnung auch feminisiert werden.«

Ja! Ein Anhänger der gendergemainstreamten Sprache! Maßregeln war offenbar seine zweite große Leidenschaft. Und er legte noch einen drauf: »Wahrscheinlich hast du nicht nachgedacht, aber das ist einfach respektlos!«
»Komm, ist egal«, versuchte der Arzt gleich zu schlichten, doch wir waren bereits in eine Diskussion über Geschlecht und Ausdruck und so weiter eingestiegen. »Ich sage durchaus bewusst ›Arzt‹ in Bezug auf eine weibliche Person, das ist in Skandinavien nämlich so üblich!« Ich schaute mich triumphierend um und hatte das Gefühl, ein schlagendes Argument vorgebracht zu haben. Wer will in Sachen

Gleichberechtigung schon Skandinavien widersprechen? Ich erntete jedoch nur Stirnrunzeln und im Falle des Ärztinhelfers einen empörten Blick. Ich trötete weiter: »Skandinavier, versteht ihr? Dänen? Norweger? Finnen? Isländer? Vor allem: Schweden! Hallo?! Schweden! Die sind doch extrem korrekt. Also, da darfst du nicht mal als blonde Frau einen Blondinen-Witz erzählen!«

Als Beleg eine kleine Geschichte aus Uppsala. Hat mir eine Freundin aus Uppsala erzählt. In Uppsala wurde kürzlich ein Straßenverkehrsschild, das den Zebrastreifen kennzeichnen soll, abgeschafft. Bloß, weil darauf ein Mann abgebildet war. Es wurde für viel Geld ersetzt durch ein neues Schild, das eine Frau zeigt. Daraufhin gab es Protest von feministischer Seite. Von feministischer Seite? Genau, von feministischer Seite gab es Protest. Denn die Frau, also das abgebildete Strichweibchen, hatte a) einen »för kort kjol« und b) »alltför spetsiga bröst«! Und das geht natürlich gar nicht. Da haben sich die Leute vom Verkehrsamt wohl einen Scherz erlaubt und eine Frau mit »zu kurzem Rock« und »allzu spitzen Brüsten« installiert! Dem Einspruch der Frauenfreunde wurde postwendend stattgegeben und wiederum für viel Geld ein neues Schild kreiert. Die neue Frau auf dem neuen Schild – und das ist die bizarre Pointe – zeigt nahezu keine weiblichen Geschlechtsmerkmale. Sie könnte auch glatt als Mann durchgehen.

Jedenfalls. Was ich sagen wollte. In diesem sehr anständigen egalitären Schweden, in dem eine unerbittliche Gleichberechtigung herrscht, gilt es als äußerst unschicklich, Ärztin, Anwältin oder Anstaltsleiterin zu sagen. Männer wie Frauen heißen Läkare (Arzt) oder Lärare (Lehrer). Zwar gibt es im Schwedischen das Wort Lärarinna, also Lehrerin. Doch wer Lärarinna sagt, möchte unbedingt demonstrieren, dass er ein reaktionärer Arsch ist. Lärarinna ist vergleichbar mit dem deutschen Fräulein, nur noch schlimmer. Ähnlich läuft es bei unseren Nachbarn in Dänemark. Niemand käme dort auf die Idee, Helle Thorning-Schmidt als Ministerpräsidentin zu bezeichnen. Sie ist *Statsminister*. Und das hat nichts Anrüchiges, sondern bekundet im Gegenteil ganz normalen Respekt gegenüber männlichen wie weiblichen Leistungsträgern.

Natürlich brauchen wir in Deutschland eine Extra-Wurst. »Wegen unserer Geschichte«, wie der Putzerfisch an der Seite von Frau Doktor glaubte bemerken zu müssen. Was er damit genau meinte, wusste er vermutlich selber nicht. Heißt es eigentlich Wurstin oder Würstin? Und müssen wir tatsächlich immer unseren ganz speziellen SenfIn dazugeben? Früher war I umstritten. Nur die taz benutzte früher I, aber es wirkte von Anfang an seltsam – die Sprache gab einen StudentIn einfach nicht her.

Doch anstatt den hässlichen Pflock in der Verbal-Tonne auf dem Wortstoffhof zu entsorgen, adden wir auf Facebook selbstverständlich FreundIn, und haben dann »1 gemeinsame/r FreundIn«, was meines Wissens nach weltweit einmalig und einmalig dämlich ist.

Abgesehen davon. Ist das Zeichen nicht ein bisschen unpassend, um Mädchen und Frauen zu charakterisieren? Betrachten wir das Phänomen ohne Vorurteile: Wir kennzeichnen das Feminine ausgerechnet mit einem senkrechten Balken, einem Phallus-Symbol?!

Liebe Sprachforscher, lasst euch da bitte mal was anderes einfallen! Wie wäre es mit einem Smiley? Ein rundes Symbol wäre auf jeden Fall passender. Wir Neuzeitler sind gewohnt, in Zeichen nur Codes zur Informationsvermittlung zu sehen. Andere Kulturen erleben in Zeichen auch eine Bedeutung, eine gestaltende Kraft. Aus Sicht der alten Perser waren beispielsweise die Ziffern 1 und 0 heilig, da sie das männliche und weibliche Prinzip darstellten. Mit ihnen durfte im Alltag nicht gerechnet werden. Männer und Frauen wurden sozusagen für unzurechnungsfähig erklärt.

Die deutsche Sprache ist ohnehin ausgesprochen menschenfreundlich und um Ausgleich bemüht, anders als die italienische oder spanische Zunge. Nicht nett, la luna – die Laune – dem wechselhaften Planeten Mond zuzuschreiben und diesem die angeblich beständige männliche Dominanz des Zentralgestirns entgegenzusetzen: la luna, il sole/el sol – die Mond, der Sonne. Ist das frauenfeindlich, oder was?

Im Deutschen müssen dagegen alle Stars Abstriche machen. Selbst eine Truppe durchtrainierter Jungs nimmt feminine Züge an: die Mannschaft. Und sogar der Fixstern Otto Rehhagel wird zurechtgestutzt, in seiner Männlichkeit beschnitten. Allerdings nur, wenn die Kommunikation korrekt abläuft. Der Ex-Trainer von Griechenland saß mal auf einer Pressekonferenz, die ich im Fernsehen verfolgte. Er lobte sich selbst wie immer über den grünen Klee. Der Trainer der gegnerischen Mannschaft wollte ihm in Nichts nachstehen und glaubte dem griechischen Helden der EM 2004 ebenfalls huldigen zu müssen. Wobei er sich ziemlich verrannte. »Otto ist ja eine Persönlichkeit …«, hob er an, kam dann aber schnell ins Stocken. »Otto ist ja eine Persönlichkeit, die …«, hätte er natürlich sagen müssen. Doch der Übungsleiter hatte wohl das Gefühl, ein korrekter weiblicher Artikel würde den maskulinen Rehakles beleidigen. Und er entschied sich für ganz falsche Grammatik: »Otto ist ja eine Persönlichkeit, der weiß, was er will.« Aua.

»Sie ist Ärztin«, insistierte der beratungsresistente Herr neben dem Arzt. Frau Dr. hatte sich inzwischen ihrem linken Sitznachbarn zugewandt und ignorierte uns Streithähne. Das gefiel mir gar nicht. Ich wollte ihre Aufmerksamkeit erregen. Mir war klar: Es bedurfte nun besonderer Maßnahmen. Der Herr ruckelte auf seinem Stuhl hin und her. Ich ruckelte auf meinem Stuhl hin und her. Ich verschob meinen Stuhl ein Stück weg von dem Herrn. Da kam mir die einschneidende Idee. Unterhalb der Sitzfläche war der Bistro-Stuhl rissig. Ich zog meine Hand ruckartig an der Seite des Sitzrahmens entlang. Was ich vorhatte, gelang nicht auf Anhieb. Ich wiederholte den Vorgang. Das fiel auf. Und sah etwas merkwürdig aus. »Alles gut bei dir?«, fragte der Blödmann. »Absolut«, antwortete ich. Und hob beschwichtigend meine rechte Hand. Sie war rot. Ziemlich rot. Sehr viel röter als geplant. Ursprünglich wollte ich mir nur einen kleinen Holzspan einverleiben, doch das Ergebnis meiner Bemühungen übertraf alle Erwartungen. Ich wusste nicht so richtig, wohin mit dem besonderen Saft, hielt schließlich die Hand über mein Fachinger. Ornamental verteilte sich die Farbe im Mineralwasser. Das Glas sah aus wie eine Lavalampe.

»Sehr schön«, meinte Frau Doktor.

»Ich kann kein Blut sehen«, sagte der Herr und verzog sich augenblicklich.

Die kleine Action-Szene, die in einer Kunstaktion endete, war ein voller Erfolg! Vor allem, weil Frau Doktor einen guten Vorschlag parat hatte: »Komm, ich verbinde das schnell, meine Praxis ist gleich um die Ecke.« Es lief wie geschmiert! Ich dackelte hinter ihr her, wollte die Gelegenheit beim Schopf packen und etwas fachsimpeln, unterbrochen von meinem »Scht... ah, aua ...«

»Soll ich Ibuprofen nehmen, gegen mögliche Entzündung?«

»Ibu-was?«

»Na, Ibuprofen, oder lieber Arnika D6 oder so was?«

»Nö. Ich ziehe die Splitter raus, du bekommst ein Antibiotikum und einen Verband.«

»Oh, knallharte Schulmedizin! Warum nicht?!«

»Und Chloroform. Würde das lieber mit Vollnarkose machen. Das ist nicht ganz harmlos.«

»Ähm, Chloroform? Ich dachte, das wäre längst abgeschafft?«

»Bei Tieren nicht.«

»Reicht nicht Braunovidan, also Jod, zum Desinfizieren?«

»›Jod‹, was soll das denn sein?«

Oh Gott! Sie hatte ja gar keine Ahnung.

»Na, Jod, ein chemisches Element, aus der Gruppe der Halogene ...«

»Kann sein. Ich mach das noch nicht so lange.«

»Nicht?«

»Nö, bin Arzt auf der Basis einer Umschulung vom Jobcenter. Hat der Gesundheitsminister angeleiert. Wegen Medizinermangel. Noch nie von gehört?«

»Ähm, nein. Was hast du vorher gemacht?«

»Metzgerlehre.«

»O.k.«

»Ja, macht beides Spaß.«

Ich fing an zu zittern. War das schon Wundbrand?

»Ganz schöne Umstellung, oder? Vom Metzger zum Mediziner ...«

»Nö, eigentlich nicht. Weißt du, wenn man schon mal so eine Knochensäge in der Hand hatte.«

Inzwischen hatten wir ihre Praxis betreten, und ich musste mich auf eine Patientenliege begeben. Mir war mulmig zumute. Sie zog fiese champagnerfarbene Gummihandschuhe an, nahm eine Pinzette zur Hand und näherte sich meiner Wunde.

»Moment, Moment!«, rief ich. »Das mit dem Metzgerdings war doch Quatsch, oder?« »Natürlich!« »Zum Glück!« »Das hast du echt geglaubt?« »Ach was!« »Nein, ich habe nicht Metzger gelernt. Ich war bei Schlecker an der Kasse!«

Was danach passierte, entzieht sich fast vollständig meinem Bewusstsein. Meine Erinnerungsfähigkeit ist stark eingeschränkt, vermutlich durch einen schweren Schock und durch den massiven Blutverlust, den ich erleiden musste. Ich kann mich nur auf das berufen, was Linda hinterher erzählt hat. Als ich ihr Besteck sah, wäre ich angeblich in ein »erbärmliches Jammern« ausgebrochen, hätte von einem großen weißen Licht gesprochen und nach einem Priester gerufen. Ihr Urteil fiel eindeutig aus. »Du bist der größte Weichling, der mir je untergekommen ist.« Ich sei – ich zitiere weiter – »ein Mädchen vor dem Herren! Um es mit deinen Worten zu sagen: Du verkörperst *die* Männlichkeit«. Verstehe bis heute nicht, warum sie mich später trotzdem geheiratet hat.

Geschlechterkampf im Badezimmer

Nur wenige Paare entschließen sich zur Elternschaft. Untersuchungen zeigen: Es liegt nicht an der Haushaltskasse. Es gibt auch nicht zu wenig Kita-Plätze. Nein. Es scheint kein politisches Problem zu sein. Die meisten geben an, sie fänden keinen Partner, mit dem sie sich vorstellen könnten, Kinder großzuziehen. Ich habe mich kürzlich mit einer Bekannten unterhalten, was sie gesagt hat, schien mir typisch: »Nö, ich habe einfach keine Lust auf die Rundumversorgung, auf das Geschrei und das Kleckern.« Ich meinte: »Mach doch einen Kompromiss, tu was für die Entwicklung der Gesellschaft, bekomm ein Kind und leg es in die Babyklappe!« Darauf sagt sie: »Mein Mann passt da nicht rein.«

Ich glaube, Männer sind mehrheitlich im Zeugungsstreik. Männer fühlen sich schlecht behandelt, ja diskriminiert. Oft stoßen sie auf dieses Pseudoverständnis. Neulich habe ich gehört: »In einem Mann kann auch etwas Gutes stecken. Zum Beispiel ein Küchenmesser.« Auch in der Fernsehwerbung haben Männer stets das Nachsehen. Ihnen wird das Müsli weggenommen (mymuesli.de), sie werden von Gattin und Tochter veräppelt (Deutsche Bahn) und für die Lebensversicherung von Bäumen erschlagen (Hannoversche). Und irgendjemand erzählt immer diesen Witz: Was macht eine Frau, deren Mann im Garten zickzack läuft? Weiterschießen! Was ging dieser Aktion voraus? Wahrscheinlich hat sie gefragt: »Bist du so nett und bringst den Müll runter?«

Er macht das treuherzig, doch kaum ist er unten, knallt's! »Weiterschießen!«: Als Macho könnte ich sagen: Ein Mann hätte längst getroffen. Aber wäre das auch statthaft? Schon. Mathias Beltz hat mal eine sehr humane Utopie verkündet: »Ich möchte in einer Welt leben, in der jeder jeden ungestraft verarschen darf.«

Die Frage ist: Was zeichnet den Mann heute aus? Viele Vorzüge, die ihm traditionell zugesprochen wurden, sind abhandengekommen. Die Soziologin Hanna Rosin spricht schon vom »Ende der Männer«.

Tatsächlich ziehen Frauen auf allen Rennstrecken der Welt mit Männern gleich, falls sie sie nicht sogar überholen. Frauen kämpfen an vorderster Front als Soldaten an der Waffe, machen extreme Sportarten. Frauen sind in der breiten Mitte intelligenter, zeigen schon in der Schule bessere Leistungen, machen auch in Mathe und Physik Boden gut. Nicht mal kurzsichtig und unbeholfen sind Männer noch exklusiv unterwegs, seit Tina Fey, Zooey Deschanel oder Martina Hill den weiblichen Nerd etablierten!

Was bleibt? Wenn es um Kraft, Ausdauer und Geschwindigkeit geht, scheinen Männer manchmal noch im Vorteil. Aber schnell laufen, radfahren, oder mit dem Gewehr durch den Schnee rutschen wie beim Biathlon – mal ehrlich: So oft braucht Mann das im Alltag nicht. Im Übrigen haben weibliche Athleten im Spitzensport mächtig aufgeholt. Zu meiner Zeit hieß es noch: Stabhochsprung können die nicht. Dafür fehlen Anlaufgeschwindigkeit, Mut und Dynamik. Das war eine ganz falsche Annahme, wie sich herausgestellt hat. Seit Athen 2000 ist Stabhochsprung für

Frauen olympisch, und diese Disziplin strotzt ja nun vor Symbolkraft. Wenn ich Jelena Issinbajewa anlaufen sehe, wie die den Glasfieberstab in den Boden rammt, wie der sich dann so verbiegt ... Da kann man den Gedanken kaum abweisen: Aua, das könnte deiner sein! Jetzt natürlich nicht maßstabsgetreu. Im Maßstab vielleicht 1:10. Anschließend stemmt die Dame aus Wolgograd ihren federleichten Leib in fünf Metern Höhe mit Hilfe eines Stabes über eine Aluminiumlatte hinweg ... Nein, das ist mir zu hoch. Freud, übernehmen Sie!

Für mich ohnehin ein ganz sensibles Thema, weil ich schwer gedemütigt wurde, als ich das letzte Mal Sport trieb. Es war beim Waldlauf. Fühlte mich eigentlich gut, dachte: Bist doch schön flott unterwegs auf deine alten Tage! Prompt überholt mich eine Frau. In einem enormen Tempo. Ja, das wäre noch gegangen. Aber sie hat dabei einen Kinderwagen geschoben. Dass frau einem dieses Multitasking-Ding auch immer so demonstrativ reindrücken muss! »Schau her, was ich alles gleichzeitig erledigen kann! In einem Atemzug telefonieren, Auto fahren, joggen, stricken und stillen!« Ein Unglück kommt selten allein. Und so schlug das Schicksal auch an diesem Tag gnadenlos zu. Zurück vom Waldlauf fällt mein Blick auf die Sonntagszeitung: »Impotenz in Potenz!« Einer Studie des WWF zufolge, hat die Spermienqualität in den letzten Jahren nachgelassen. Umweltgifte führten beim Mann zu »Verweiblichungstendenzen«. Angeblich sind Chlorverbindungen schuld, die sich unter anderem in der Innenbeschichtung von Bierdosen befinden. Das muss man sich mal auf der Zunge zergehen lassen: Bier ... Verweiblichungstendenzen … Es soll Männer geben, die haben abends einen Kasten Becks geleert, am nächsten Morgen sind sie in ein Schuhgeschäft und erst nach fünf Stunden wieder raus. Dann sind sie nach Hause und haben bei Zalando weitergeshoppt. Dramatisch.

Ist da was dran? Werden Männer weiblicher? Und wenn ja, bedeutet das automatisch, dass sie nicht mehr männlich sind? Männer werden zumindest eitler. Ich merke es an mir selber. Ich bin vor ein paar Wochen auf der Bundesstraße geblitzt worden, war nicht gekämmt, bin zurück und noch mal durch. Weitere Indizien liefern die Gespräche, die wir führen. Worüber reden Männer traditionell? Über Autos, Frauen und Fußball. Quatsch! Das war einmal! Die Jungs in meinem Bekanntenkreis reden inzwischen über Antiaging-Cremes und Collagen mit Hyaluron! Da bekommst du schon mal einen praktischen Tipp vom Kumpel deines Vertrauens. Mein Freund Joschel hat mich kürzlich mit folgendem Vorschlag konfrontiert: »Ich habe die Lösung gegen Tränensäcke und Augenfältchen: Hämorrhoiden-Salbe! Ist ein Geheimtipp aus Hollywood. Das zieht hier die Haut auseinander!«

Ich konnte mir die Bemerkung einfach nicht verkneifen: »Bitte beschwere dich nicht, wenn wir jetzt Arschgesicht zu dir sagen.«

Wo ich schon mal bei dem Thema bin, muss ich über meine Mischhaut sprechen: Ich habe immer Probleme mit trockener Haut. An einigen Stellen ist meine Haut aber auch fettig und »glänzig«, wie die Körperpflege-Expertin im KaDeWe sagte. Glänzig. Hm. Ja, ich wollte Nägel mit Köpfen machen und bin ins Kaufhaus des Westens. Dort gibt es eine riesige

Kosmetikabteilung. War bei Shiseido Kanebo. So japanisches Zeug auf Seidenbasis. Teuer. Doch ich dachte: Wenn schon, denn schon. Die Dame im weißen Kittel sah mich mit geschultem Blick an, musterte mich von oben bis unten und stellte schließlich eine gnadenlose Diagnose: »Bei Mischhaut kommen zwei Cremes in Frage. Diese ist für die jüngere Haut, und die ist für Sie.« Sie hat nicht »ältere Haut« gesagt. Nicht »reifere Haut«. Sie meinte, die für mich bestimmte Creme sei für die »anspruchsvolle« Haut. Politische Korrektheit kann so verletzend sein. Soll sie doch sagen, was Sache ist! »Anspruchsvolle Haut ...« Es wurde noch schlimmer. Als sie meine Betroffenheit sah, versuchte sie mich zu beruhigen: »Nein, Herr Leukert, Sie sind nicht alt. Sie sind nur von der Zeit herausgefordert!« Ärgerlich, das Ganze.

Nur: Warum hat mich das überhaupt tangiert? Ich meine, früheren Generationen wäre das vermutlich piepegal gewesen. Mein Vater hat gar keine Ahnung, was »trockene Haut« überhaupt darstellen soll. Tatsächlich habe ich ihm neulich mein Leid geklagt. Seine Antwort: »Trockene Haut? Na halt's doch unter'n Wasserhahn!«

Doch diese Episoden zeigen: Männer entwickeln sich! Es gibt ja Kollegen, sogar Wissenschaftler, die der Auffassung sind, seit der Steinzeit hätte sich nichts verändert: Männer würden jagen und Frauen sammeln. Und weil Männer »in der Steinzeit« mit dem Rücken zur Höhlenwand saßen, um die wilden Tiere und die Feinde rechtzeitig sehen zu können, gehen Frauen heute immer noch zu zweit aufs Klo. Oder so ähnlich.

Das muss inzwischen relativiert werden. Männer gehen

vielleicht heute genau wie früher auf die Jagd und weiden mit bloßen Händen wilde Tiere aus, aber vorher legen sie noch ein dezentes Rouge auf. Der Umsatz der Firmen der Rüstungsindustrie l'Oréal, Beiersdorf und Vichy steigt bei Kosmetika pour l'homme jährlich um ca. 10 Prozent! Die Feministin Can Mayaoglu hält dagegen, es wäre nicht fair, Männern vorzuwerfen, sie seien »weiblicher« geworden, sie würden auf ihr Äußeres achten und so, denn das hätten Frauen ja immer gefordert. Wie auch immer.

In den 80er und 90er Jahren war alles übersichtlicher. In dieser Zeit gab es Phasen, mal war der Softie in Mode, dann wieder der Macho. Heute müssen Männer vollkommen sein, Macho und Softie zugleich! Im Grunde Matschie. Mofto. Doch, habe mal eine kleine Umfrage im Bekanntenkreis gemacht. Frauen zufolge sollen Männer im Keller mal eben das Regal aufstellen, ihr dabei sehr gut zuhören, selbst verfasste Gedichte singend vortragen, gut riechen, gut aussehen, auch während sie das Abflussrohr reinigen, beruflich erfolgreich sein, andersartig Asche verdienen, gleichzeitig anwesend und abwesend sein. Aber auf jeden Fall vierundzwanzig Stunden am Tag zu Hause zur Verfügung stehen. Und dass eines klar ist: Die vierundzwanzig Stunden beziehen sich nur auf den Vormittag. Kein Wunder, wenn sich da einige Zeitgenossen überfordert fühlen.

»Ehemann rast mit Bagger in Wohnzimmer«, titelte die ›Bild‹ mal an einem düsteren Dienstag. Ich kann den Baggerführer verstehen. Ich glaube, der war nicht durchgeknallt. Ich glaube, der wollte nur irgendwie das Private mit dem Beruflichen verbinden. Er wollte ein Mofto sein.

Die Lösung für den Mann heute ist meiner Ansicht nach die Vaterschaft. Vielleicht das letzte Alleinstellungsmerkmal des homo masculinus! Ohne Mann kein Kind! Wir müssen raus aus dem Zeugungsstreik und die Geburtenrate heben, sonst wird das nichts mehr mit der Rente ab 67! Nachwuchs bringt ja auch Vorteile. Das Selbstvertrauen als Vater steigt enorm. Stell dir eine kleine, niedliche Tochter vor, große Knopfaugen schauen dich an. Da musst du kein Alleskönner sein, kein Mofto. Du machst nur eieiei, gullegulle, killekille! Die kleine Tochter strahlt und bewundert dich! Eieiei, gullegulle, killekille! Ich meine: Mach das mal bei einer schlechtgelaunten Frau!

Unverständlich, warum Alice Schwarzer immer noch behauptet, Männer würden Frauen bevorzugen, die dem traditionellen Rollenbild entsprechen: Heimchen am Herd, für die nur Kinder, Küche, Kirche gilt. Quatsch! Männer sind komplizierter und vielschichtiger geworden! Solche Frauen sind doch langweilig! Moderne Männer wollen starke, eigenständige Frauen, die einen eigenen Job haben, vielleicht Karriere machen. *Und* putzen und kochen und Kinder großziehen.

Beziehungs-Tipps vom Experten

Männern und Frauen ist zuzutrauen,
dass sie sich gegenseitig den Tag versauen
Bela B.

Ich werde oft gefragt: »Hast du nicht mal einen Tipp, du kennst dich doch aus. Na, mit Frauen und Männern und dem Gedöns. Wie lerne ich jemand kennen? Wie kitte ich meine Kiste? So die Nummer halt.« Da kann ich nur antworten: »Woher soll ich das wissen?« »Na, du hast doch eine Scheidung hinter dir, bringst Erfahrungen aus deiner Patchworkfamilie mit und bist auch sonst ziemlich verkorkst.«

Tja, Referenzen können einem echt auf die Füße fallen. Das ist wieder typisch: Du musst nur mal in ein paar wesentlichen Punkten versagen, schon giltst du heute in Deutschland als Experte. Und wenn du aus Berlin kommst, erst recht: »Scheiße bauen, das könnt ihr doch!« Na, vielen Dank. Will trotzdem mein Bestes geben. Mich rührt das Vertrauen irgendwo auch, das mir in der Hinsicht entgegengebracht wird.

Kennenlernen

Einst traf ich im Zug eine Frau mittleren Alters. »Wissen Sie, ob der ICE auch in Spandau hält?«, war mein Anmach-Spruch. Sie ging sofort in den Abwehrmodus. »Ich bin verheiratet.« Ich: »Und, ist es was Ernstes?« Da brach die Dame in Tränen aus, es entstand eine gelöste Stimmung, und wir hatten freie Fahrt.

Krisen

Für die Jungs gilt: Ruhe ist die erste Bürgerpflicht. Souverän bleiben und versuchen, mit der weiblichen Widersprüchlichkeit fertigzuwerden. Eine frühere Freundin von mir hat mal gesagt: »Wir leben in Krisenzeiten, wir müssen jetzt echt mal ein bisschen sparen.« Doch zu Weihnachten wünscht sie sich dann so ein Parfum, hier: Chanel Allure. Das war mir wirklich zu kostspielig, dachte: Ein billigeres Parfum tut's doch auch. Aber sie wollte sich dieses Duftbäumchen nicht umhängen.

Geschenke

Die meisten können sicher nachvollziehen, was es heißt, wenn ich mitteile: Danach hatten wir ein längeres Gespräch. Geschenke sind in Beziehungen ohnehin heikel. Sie hat mir zu Weihnachten retour einen Mondkalender geschenkt. Ich bin da vorurteilslos rangegangen, habe mich sogar an die Vorgaben des Mondkalenders gehalten. Das war jedoch falsch! Sie hat sich beschwert. Ich meinte: »Entschuldige, aber in meinem Mondkalender steht, ich soll mich erst übernächste Woche wieder mit dem Element Wasser in Verbindung setzen!«

Biologie

Diese und ähnliche Dinge hat sie mir immer wieder auf's Brot geschmiert. Als Typ denkst du: Jetzt ist es aber mal gegessen. Vergessen. Nein! Es kommt wieder auf den Tisch! Es wird dir erneut auf's Brot geschmiert. Ich meine das gar nicht abfällig. Ich finde weibliche Gedächtnisleistungen bewundernswert. Mit welcher Präzision Violetta sich erinnern konnte: »Am 25. Mai 2003, 16 Uhr 45, hast du mir vorgeworfen, ich wäre nachtragend!«

Neurologie

Kein Stereotyp übrigens. Die Sache mit dem Gedächtnis. Nein. Die Neurologie hat herausgefunden: Der Hippocampus ist unter anderem zuständig dafür, emotionale Erlebnisse zu speichern. Bei Frauen fällt dieses Areal im Schnitt 11 Prozent größer aus als bei Männern. 11 Prozent! Nur 11 Prozent? Gefühlte 60 Prozent, würde ich sagen! Sie müssten eine Beule am Oberkopf tragen. Das erklärt vielleicht die eine oder andere Frisur.

Kommunikation

Der Hippocampus soll übrigens auch maßgeblich verantwortlich sein für Kommunikation. Und in dieser Hinsicht haben wir Typen ja nun gar nichts zu melden, können da meines Erachtens in puncto Kondition und Geschick einfach nicht mithalten. Eine wahre Geschichte. Violetta hat mal gesagt: »Ich habe jetzt echt vier Stunden telefoniert mit Beate. Ich glaube, mir fällt das Ohr ab! Ich bin so fertig! Ich muss mit jemandem drüber reden. Ich rufe Elke an!«

Romantik

Romantik ist wichtig! Romantik musst du immer wieder inszenieren. Kerze, Musik und so. Das stellt eine Herausforderung dar, denn Humor hat ebenfalls einen hohen

Stellenwert! In jeder Kontaktanzeige, in jedem Posting auf der Dating-Seite ist zu lesen: »Er muss Humor haben.« Ich habe den leisen Verdacht, in dem einen oder anderen Fall bedeutet »Humor« eigentlich: »Ich bin zickig, versuch, mit mir klarzukommen.«

Was man auf jeden Fall vermeiden sollte

Keinesfalls aus den beschriebenen Anforderungen den Schluss ziehen, Romantik und Humor zu kombinieren! Das kann nach hinten losgehen. Wenn du nicht aufpasst, hast du ganz schnell wieder ein Gespräch. Ich habe mal kreativ versucht, eine schöne Synergie aus Romantik und Humor herzustellen: »Schau Liebling! Der Mond nimmt auch zu!«

Schluss machen

Nein! Gebt euer Bestes!

Geld und Gesellschaft

Das Auto

Warum muss sich das Leben eigentlich immer so aufspielen? Es könnte sich doch mit der Tatsache begnügen, dass es das große tolle Leben ist, an dem alle hängen. Aber nein, es muss ständig den Macker machen und zum Beispiel durch Ironie des Schicksals seine Überlegenheit verdeutlichen.

Ich fahre Auto. Ich muss. Ich bin Vielfahrer. Nicht aus Leidenschaft, sondern weil mich mein Leben (da ist es schon wieder) dazu nötigt. Berufsbedingt bin ich viele Wochen im Jahr unterwegs. Ich habe Gepäck und so. Viel Gepäck. Und die Bahn ist nun mal leider nicht eingestellt auf Kunden, die reisen müssen. Wenn du mit drei Koffern im Gesamtgewicht von 35 kg in Muffelbrück aussteigst, wird garantiert gerade der Fahrstuhl repariert. Im Zuge der »Verschlankung« des Bahnbetriebs hat man unter Garantie die Rolltreppe abgeschafft und das Gepäck-Laufband, »weil da mal was passiert ist«. Bleibt zwangsläufig nur der PKW.

Das hätte ich mir früher wirklich nicht träumen lassen! Früher war ich Ökoaktivist! Habe mit Robin Wood an Aktionen gegen den »Autowahn« teilgenommen. Wir sind bei der Internationalen Automobil-Ausstellung, der IAA, auf die Fassade des Messegebäudes geklettert, um ein Banner des Protestes zu errichten. Es stand irgendwas drauf mit Abgasen und Blech und Bäumen. Ein peinliches Wortspiel durfte natürlich auch nicht fehlen; habe es nicht mehr genau in Erinnerung. Tja, und heute bin ich selber so ein K(f)Z-Faschist. Das Leben kann echt gemein sein.

Gut, etwas ist schon hängen geblieben. Wenn ich eine Strecke von, sagen wir, 600 Kilometern absolvieren muss, befleißige ich mich immer einer besonders spritsparenden Fahrweise. Zumindest zu Beginn der Reise. Bin ich rücksichtsvoll. Begegnet mir ein Raser, versuche ich, mich in seine Lage hineinzuversetzen, etwa so: »Ich verstehe dich. Du hast Aggressionen. Deine Firma steht im harten Konkurrenzkampf, wenn es schlecht läuft, gehst du nächstes Jahr in die Insolvenz. Deine Frau ist schon lange weg, und deine Kinder melden sich nur, wenn es um Geld geht. Aber sie geben dir nie was.« Das hilft. Jedenfalls für eine Weile.

Doch irgendwann passieren dann doch Sachen, die mich echt wütend machen. Bei meiner letzten Tour habe ich einen Typen erlebt, der fuhr 210 Stundenkilometer, trotz Tempolimit von 120! Das muss man sich mal vorstellen! 210 km/h! Ich weiß genau, dass er so schnell war. Er fuhr direkt hinter mir.

An dieses dichte Auffahren kann ich mich einfach nicht gewöhnen. Drängler! Der Typ im weißen Hemd mit der gepunkteten Krawatte hat bestimmt 23 verschiedene Versicherungen für jeden Mist abgeschlossen, aber auf der Autobahn setzt er sein Leben aufs Spiel. »Ich verstehe dich. Deine Firma steht im harten Konkurrenzkampf...« Das funktioniert dann auch nicht mehr. Ich wünsche ihm die Pest an den Hals!

Ja, sprechen wir über das Mittelalter: Walter von der

Vogelweide dichtete einst »Untreue ist in der Saße, Gewalt fährt auf der Straße«[1], was beeindruckend ist, denn im 12. Jahrhundert gab es noch gar keine BMW-Fahrer. Das mag wie ein Vorurteil klingen, aber eine britische Untersuchung zeigt: Männer, die einen BMW besitzen, leisten sich die meisten Seitensprünge. Und wenn sie einen 3er fahren, gehören sie zu denjenigen Verkehrsteilnehmern, die sich am wenigsten an die Verkehrsregeln halten.

Erlebe es tatsächlich immer wieder, so auch bei der letzten Fahrt auf der A9. Kurz vor einer Baustelle schneidet mich so ein junger Typ in einem alten aufgemotzten 3er. Es wäre fast zu einer Kollision gekommen. Nur eine Vollbremsung hat uns gerettet. Da ist mir der Kragen geplatzt, habe gebrüllt: »Wo musst du denn überhaupt so schnell hin, hm? Zur ARBEIT? Kann ja nicht sein! Du hast doch ein Brandenburger Kennzeichen!«

Tschuldigung. Tut mir leid. War nicht so gemeint. Leider werde ich im Auto früher oder später aggressiv. Warum? Vielleicht liegt es doch am Tempo. Die Indianer im Wilden Westen haben schon im 19. Jahrhundert klar Position bezogen: »Wir fahren nicht mit der Eisenbahn, weil bei der Geschwindigkeit die Seele nicht hinterherkommt!« Kaum zu glauben. Ich meine, wie schnell ist das feuerspuckende Ross damals gefahren? 30 km/h, vielleicht 40 km/h? Und da soll die Seele nicht hinterherkommen? Was kommt dann heute alles nicht hinterher? Zumindest der Verstand bleibt

---

1 Für alle, die es genauer wissen wollen: ungefähr so: »untriuwe ist in der sâze, gewalt vert ûf der strâze«

auf der Strecke. Die Psyche sowieso. Wir sind unmenschlich schnell. Vorteil: Fahren wir ein paar Tage später zurück, können wir die Seele wieder einsammeln, die auf der Hinfahrt hängen geblieben ist. (Zumindest für kurze Zeit, bis sie auf dem Rückweg dann auch nicht mehr mithalten kann.) Kein schöner Gedanke, dass die Seele irgendwo hängen bleibt. Wer weiß, wo sie sich rumtreibt? Vielleicht gerät sie in schlechte Gesellschaft, aber die Crux ist, wenn man auf der Ost-West-Achse verkehrt, kommt man an Sachsen-Anhalt nicht vorbei.

Die Indianer liegen richtig. Wer beobachtet, wie Leute nach fünf Stunden Fahrt aussehen, wie sie sich während einer Pause auf dem Parkplatz verhalten, wird feststellen: Die sind nicht ganz dicht. Hätten die Autofahrer noch alle Latten am Zaun, könnten sie doch die recycelten Winterreifen gar nicht bei sich behalten, die auf den Raststätten immer als »Jägerschnitzel« angeboten werden.

Es gibt allerdings auch Verkehrsteilnehmer, die sehr gemütlich fahren, die sich Zeit lassen, die ganz ohne Druck und Zwang unterwegs sind. Die nerven!!! Ich habe einen Schweizer Lastwagen erlebt. Eidgenössische Trucks sind selten, doch dieser hatte unverkennbar das Kennzeichen »CH«. (Liebe Schweizer: Es hätte auch ein Fahrer mit einer anderen Nationalität sein können, nein, Langsamkeit ist nicht typisch schweizerisch). Der Lastwagenfahrer jedenfalls muss sich gesagt haben: »Mir ist langweilig. Was soll ich tun? Soll ich Cello spielen? Oder vielleicht Pony reiten? Ich weiß was! Ich werde üüüübee-eerhooooooooooooleeeeeeen. Nicht jetzt! Nein, ich warte auf eine günstige Gelegenheit. Ich warte mit dem Überholvorgang, bis es bergauf geht!« Und dann überholt der in einem Tempo … Ein Alpengletscher würde locker an ihm vorbeiziehen. Da kommt meine Seele auch nicht hinterher!

Ich fände es übrigens nicht schlimm, wenn Schweizer langsam wären. Die guten Eigenschaften stellen meistens zugleich auch die schlechten Eigenschaften dar. Goethe hat mal was in der Richtung von sich gegeben. In Bezug auf Schweizer wäre zu vermelden, dass sie dafür nicht so oberflächlich sind wie wir. Sie wirken nachdenklicher, gründlicher, geduldiger. Und vor allem: freundlicher!

Ich weiß nicht, ob die sprichwörtliche Unfreundlichkeit der Berliner auf unsere schnelllebige Zeit zurückzuführen ist. Hektischer Großstadtverkehr macht sie jedenfalls nicht zu phlegmatischen Buddhisten. Doch der Versuch wird immerhin unternommen. Verantwortungsbewusste Landesväter wollen ein Zeichen setzen. Sie haben Freundlichkeitskurse für Berliner Busfahrer eingeführt! Tatsächlich! Ein vernünftiges Konzept, wie ich finde, das so ähnlich auch auf forsche Autofahrer wie mich ausgeweitet werden sollte – als verpflichtendes Seminar schon im Rahmen der Fahrschule und im Bedarfsfall für Wiederholungstäter. Ein Protokoll eines solchen Anti-Aggressionstrainings ist mir kürzlich zugespielt worden:

Psychologe:
Herr Patzke, Sie sind Busfahrer. Ich möchte Ihnen helfen, besser mit Stress-Situationen fertigzuwerden! Ich werde Ih-

nen jetzt mal ein paar Situationen aus Ihrem Berufsalltag vor Augen führen, und Sie sagen mir, wie Sie jeweils reagieren würden, ja? Also nehmen wir an, ein Fahrgast kommt etwas zu spät. Sie sehen ihn keuchend heraneilen. Was tun Sie?

Busfahrer:
Na, ick warte, bis er da is.

Psychologe:
Sehr schön! Und dann?

Busfahrer:
Wenn er kurz vor der Tür is, mach ick zu.

Psychologe:
Hm. Und könnten Sie sich denn in absehbarer Zeit vorstellen, die Tür vielleicht erst zuzumachen, wenn der Fahrgast eingestiegen ist?

Busfahrer:
Ick könnte mir vorstellen zuzumachen, während er einsteigt.

Psychologe:
Sehr schön! Da sind wir schon einen ganzen Schritt weiter!

Busfahrer:
Ja, wa?

Psychologe:
Vielleicht noch einmal so eine typische Situation aus Ihrem Arbeitsalltag: Angenommen, ein Fahrgast steigt hinten statt vorne ein. Was machen Sie denn da?

Busfahrer:
Na, ick fahre los. Denn bremse ick mal ordentlich, denn kommt der vor.

Globalisierung und so

Viele wissen gar nicht, was sie mit dem Begriff Globalisierung überhaupt anfangen sollen. Einige Leute hocken ahnungslos in ihrer Provinz, atmen vor sich hin und haben keine Ahnung, was sich draußen in der großen weiten Welt abspielt. Vielleicht lassen sie sich dann auch noch zu einer banalen Bemerkung hinreißen wie: »Globalisierung ist ja ein weltweites Problem.« Ich bin einer von denen. Globalisierung war für mich bis vor Kurzem ein ziemlich abstrakter Begriff. Jetzt wurde es allerdings konkret. Ich flog nach Kuba und sah in der Altstadt von Havanna ein deutsches Postauto. Tatsächlich. Gelb. DHL. Ich dachte. Ich traue meinen Augen nicht. Deutsche Post in Havanna. Musste spontan denken: Ach, da sind die!

Auch wenn es schwerfällt, das zu akzeptieren, aber die Post ist halt kein mickriger Staatsbetrieb mehr, sondern ein weltweit operierendes, globales Unternehmen. Das spürst du schon auch als Kunde in Deutschland. Mathematiker sagen, Unendlichkeit sei nur rechnerisch darstellbar. Dabei bekommt man doch eine sehr gute Vorstellung von dem, was unendlich ist, wenn man bei der Post in der Schlange steht.

Vorausgesetzt, das Postamt existiert überhaupt noch und wurde nicht wegrationalisiert. Global, »worldwide«: Du musst ja immer weiter laufen, um das nächste Postamt zu finden. Oder den nächsten Briefkasten. Ich war kürzlich bei meinem Briefkasten – abmontiert. Routiniert warf ich den Brief ins Leere. Anschließend habe ich eine Dreiviertelstunde gesucht, bis ich den nächsten Briefkasten fand. Und zwar in Berlin-Charlottenburg in der Schlüterstraße. Ich dachte: Vielen Dank – die Adresse steht auch auf dem Brief!

In solchen Momenten heißt es oft lapidar: Das ist halt die Globalisierung! Ich habe den Eindruck, »Globalisierung« dient heute als Entschuldigung für alles. Der Klassiker: »Ich produziere nicht mehr in Europa, das kriege ich in Asien billiger – das ist die Globalisierung.« Es geht sogar bis ins Private hinein:

»Schatz, du hast den Abwasch nicht gemacht!«
»Das ist die Globalisierung.«
»Schatz, lass uns doch einfach heiraten!«
»Nein – das kriege ich in Asien billiger.«

Ich hatte Gelegenheit, mich mit einem Experten zu unterhalten. Auf dem Stuttgarter Flughafen. Wir kamen beim Warten auf die Maschine ins Gespräch. Er war ein freundlicher schwäbischer Unternehmertyp, aus der Textilindustrie: »Arpeitskräfte in Asien hapen noch eine hohe Arpeitsmoral! Ja sicher, ja sicher! Ach – hören Se mir auf mit ›schlechten Arpeitsbedingungen in Asien‹! Gutes Petriebsklima ischt mir sehr wichtig. Ich habe erst kürzlich zu einem Mitarpeiter g'sagt, zum Wang, ich sag: ›Wang, Wang, Wang! Wang, du siehscht schlecht aus, Wang. Mach einmal Urlaub! Und in einer Stunte kommscht du wieder und erzählscht mir, wie's war.‹«

Das Problem: Schwarz und Weiß, Gut und Böse, sind heute nicht mehr so klar verteilt wie noch in den 80er oder

90er Jahren, wo man noch wusste, auf welcher Seite man steht. Heute ist alles so global durchdrungen, global vermatscht. Vor einiger Zeit habe ich ein Angebot bekommen, in China aufzutreten. Kulturaustausch. Goethe-Institut. Das warf Fragen moralischer Natur auf: »Darf ich da hin, darf ich das annehmen? Die Menschenrechte …« Wie das manchmal so ist, kam für den gleichen Zeitraum ein Angebot aus Hessen rein. Und so hatte ich auch außerdem die Qual der Wahl. China oder Hessen: Zwei exotische Länder zur Auswahl.

In Hessen gab es ein Vorstellungsgespräch, das den Entscheidungsprozess beeinflusste: »Herr Leugerd, wenn sisch hier günsdlerisch bedädische möschte, benötische isch von Ihne verschiedene Versischerungsbescheinischungen …«

Nachdem ich mir das Gesicht abgewischt hatte, bin ich in mich gegangen. Ganz ehrlich? Ich habe mich schließlich für Shanghai entschieden. Einfach auch, weil ich da mit der Sprache besser klarkomme.

Jetzt ist Globalisierung ein weltweites Problem. Dabei muss ich gar nicht mal nach China oder Kuba. Globalisierung lauert überall, sogar in der eigenen Wohnung! Jeder, der etwas auf sich hält, hat heute diese hippen Kochbücher in der Küche. Von diesem RTL-2-Koch. Wer was auf sich hält, muss ja heute sagen: »Ich mache mir ein Käsebrot nach Jamie Oliver. Und zwar: Brot, dann so eine dünne Schicht Margarine und oben drauf: Scheibe Käse. Hmm!«

Vielleicht bin ich in diesem Punkt etwas konservativ-retardiert, aber ich kriege es nicht auf die Reihe: Englischer Koch. Englischer Koch. Das ist doch wie ein albanischer

Feinmechaniker. Wie ein holländischer Fußballweltmeister.

Gut. Wie sieht es konkret in deutschen Restaurants aus? Was ich neulich auf einer Kinderspeisekarte gelesen habe? Es ist wirklich wahr, Achtung, jetzt kommt's: »Rindsroulade Schweinchen Dick«. Gefolgt vom »Garnelenspieß Bambi«. Die Erwachsenen-Karte war nicht besser: »Fischplatte ›Kreta‹ mit norwegischem Beizlachs«. Was hat das miteinander zu tun? O.k.: Kreta ist die Hauptstadt von Oslo, aber sonst? Ich warte auf die »Rindsroulade Neu-Delhi« und das »Schweinenackensteak muslimische Art«.

Bedeutet Globalisierung also: Es wächst zusammen, was nicht zusammengehört? Nehmen wir Filme und Filmtitel. Angenommen, ein Film heißt im amerikanischen Original ›Mary is going to marry‹, also ›Mary wird heiraten‹, dann macht der deutsche Verleih daraus garantiert: ›Ein Luder dreht auf!‹ Aber warum fantasieren? Hier zwei konkrete Beispiele aus der harten Wirklichkeit: Vor ein paar Jahren kam ein Film mit dem geheimnisvollen und lakonischen Titel ›Strange Secretary‹ heraus. Der deutsche Titel lautete dann aber, ob man es glaubt oder nicht, ›Partyalarm – die affengeile Tochter meines Chefs‹. Jüngste Entgleisung deutscher Film-Vollpfosten, ein Streifen über ›The Three Stooges‹ (Originaltitel), eine amerikanische Komikertruppe, kam im gnadenlosen Ballermann-Deutsch in die Kinos: ›The Stooges – Drei Vollpfosten drehen ab!‹ Möchte wissen, was die Nasen, die sich so etwas ausdenken, zu sich nehmen. Kokain und Sangria intravenös? Nein, das alleine kann es nicht sein.

Wann bekommen auch wir Filme im Original mit Untertiteln zu sehen? Dann könnten wir endlich mal vernünftig Englisch lernen – wie die Niederländer oder die Skandinavier. Jeder spricht ja in Deutschland irgendein globales Rumpel-Englisch. Wer mal in Berlin eine Dampferfahrt auf der Spree unternommen hat, weiß, wovon ich spreche. Ein Erlebnis! Der Ansager! »So, on se left sait you can see hier an intresting billding uff se 19s zentschurie, so. Und in front ju kenn ollräddie sie se Dschömin Reichstag, se Ritschday …«

Andere Region, gleiches Problem: Dresdener Weihnachtsmarkt. Ich muss da ab und zu mal hin, ein Teil meiner Verwandtschaft kommt aus der Ecke. Ja, auch ich habe Migrationshintergrund. Bei unserem letzten Besuch wurden wir an einem Stand fälschlicherweise für Amis gehalten. Und dann ging es los: »Hello. Du ju wont to täst hier a pies uf auer fämis, wie heißten dis nommal? Hier: auer fämes Gristmes Stolln.« Sprachwissenschaftlich ist das schon interessant. Ich meine: echtes Angel-Sächsisch!

Kein Wunder! Uns werden in Deutschland immer nur Brocken dürftiges Pidgin-Englisch hingeworfen, vor allem in der Werbung: O2 Can Do, der ShoeForYou, Your Airline … Früher z. B. hat man einfach nur gesagt: »Kiek ma, der Alte geht am Stock!« In unserer Zeit heißt das »Nordic Walking«. Im schwedischen Original heißt es übrigens ganz unumwunden stavgang, also Stabgang oder gå med stavar – Gehen mit Stäben. Geht doch. Allerdings nicht bei uns. Bei uns werden Kurse angeboten wie »Nordic Walking für Fortgeschrittene«. Was habe ich mir darunter eigentlich vorzustellen? Läuft man dann mit vier Stöcken? Und wo laufen diese Leute eigentlich hin? Mit Stock über Stein in die weite Welt hinein? Ist das global?

Auf jeden Fall gilt, was ein Bekannter von mir, Wolfgang Joop, der Modemacher und Philosoph, zum Thema Globalisierung sagen würde: »Also Provinz ist für mich zunächst mal kein geografischer Begriff. Provinz ist für mich eine Einstellungssache. Provinz ist ein *state of mind*. Ein *blue print of the soul*. Und das ist unheimlich *essential*. Provinz finde ich nämlich heute überall auf der Welt. Provinz ist global geworden. Die Globalisierung des Lokalen. Darum geht es, das kann ich Ihnen sagen. Provinz ist nicht nur bei mir zu Hause in Potsdam. Provinz ist genauso gut in NYC, also in New York City. Umgekehrt: Wenn ich gekokst habe, dann sind auch in Potsdam die Häuser ganz schön hoch.«

Die Spur des Geldes

Asma hat mir eine E-Mail geschrieben. Wer? Asma al-Assad, die Frau von dem Dings hier von Syrien, von Bashar al Assad, von dem Diktator. Sie hätte eine »profitable geschäftliche Transaktion« für mich, die »eine Überweisung von Geldern beinhaltet«. Aber besonnen (und fair) wie sie offenbar ist, schreibt sie weiter: »Wenn es deinen geschäftlichen ethischen Kriterien nicht entspricht, dann lösche diese e-mail, was ich gerne akzeptiere.« Hier ist das Ding noch mal wörtlich im Original:

Greetings,

I will like to formally introduce myself, I am Mrs Asma al-Assad, First Lady of Syria which is the wife of Syria President Bashar al Assad.
I have a Profitable business transaction for you which involves transfer of funds, Please if interested do contact me via email for more details on this transaction but if this does not suit your business ethics, kindly delete this e-mail as I will gladly appreciate.
I await your swift response, to my email.

Regards, Mrs Asma al-Assad

Das wirft Fragen auf. Wie groß wird diese Summe sein, die Asma für mich bereithält? Warum hat Asma gerade mich auserwählt? Weiß Bashar davon? Was wird er sagen, wenn er erfährt, dass sich bald Teile des syrischen Staatsvermögens auf meinem Konto wiederfinden? Schon bekomme ich es mit der Angst zu tun. Jeder weiß doch, wie weit der Arm Assads reicht! Am Ende stehen Schergen des alten oder auch des neuen Regimes vor meiner Tür. Ich müsste bekennen, das meiste Geld in Kleidern und Klunkern angelegt und meiner Freundin geschenkt zu haben. Sie darf dann das ganze Zeug zurückgeben. Die wird sich bedanken! Richtig Ärger bekommen würde ich. Vielleicht erzählt sie meiner Mutter davon. Sicher erzählt sie meiner Mutter davon! Nein, die Folgen erscheinen mir unabsehbar. Ich muss Asma schweren Herzens absagen. Das Geschäft entspricht leider nicht meinen ethischen Kriterien.

Freund Joschel habe ich die Spam-Mail natürlich noch weitergeleitet. »Hm, hört sich seriös an«, textet er postwendend zurück, um noch eine typische Joschel-Weisheit dranzuhängen: »Dumme Menschen erkennt man immer daran, dass sie andere für dumm halten.« Dieser Aussage stimme ich lieber nicht zu. Anderenfalls wäre ich ja – nach den Gesetzen der Logik – schön blöd. Dumm nur, dass seriöse Geldgeschäfte nach ethischen Kriterien grundsätzlich schwer zu bewerkstelligen sind.

Weiß ich denn, was meine »seriöse« örtliche Sparkasse mit dem Geld macht, das ich ihr auf dem Tagesgeldkonto Direkt vorübergehend gewinnbringend zur Verfügung stelle (»1% ab dem ersten Cent«)? Unter Umständen fördert sie ja mit meiner Kohle einen Schurken übelster Sorte: Assad oder Mursi oder Kim Jong-un! Vielleicht fördert sie sogar zwei Schurken: Dieter Bohlen und Mark Medlock, seinen Ziehsohn. Ja, möglicherweise geben sie der hessischen Heulboje einen Investitionskredit, und die singende Knalltüte finanziert mit meinem Geld die neue Comeback-CD! Böses Karma kommt dann zum Tragen. Irgendwann, so fürchte ich, fällt es zwangsläufig auf mich zurück. Eines Tages halte ich mich, sagen wir, im Hotel Ramada Kassel-Wilhelmshöhe auf. Will mich entspannen, doch schon im Fahrstuhl verdirbt mir eine Säusel-Stimme mit unverkennbarem Frankfurter Akzent den Tag: »O baby, baby, here in my heart...« Hilfe! Niemandem könnte ich daraus einen Vorwurf stricken! Niemandem – höchstens mir selbst. Ich wäre mir ja durch die Finanzierung quasi selber auf die Nerven gegangen! Der Kreislauf des Geldes ist eine Todesspirale, Leute!

Geld stinkt nicht, heißt es. Kann sein. Aber es hört sich eben manchmal mies an: »Das ist darstellbar«, flötete die Kreditberaterin von der Berliner Bank, als ich vor ein paar Jahren ein Darlehen über 10 Riesen beantragen wollte. »Wie in Ihrer Werbung dargestellt. Ich bin auch so ein Berliner Kreativer«, versuchte ich mein Anliegen zu untermauern. Die Werbung der Bank hatte zu dieser Zeit Künstler als Zielgruppe auserkoren. Auf Plakaten waren mutmaßlich dufte hauptstädtische Töpfer und Pantomimen zu sehen, mit denen sich das sieche Finanzinstitut szenemäßig schmücken wollte. »Das ist darstellbar«, wiederholte die Angestellte. Anscheinend hatte ihr ein Motivations-Coach »darstellbar« beim letzten Wochenendseminar für suggestive Kundenberatung mit auf den Weg gegeben. Und sie fühlte sich nun verpflichtet, dieses »positive Signalwort« möglichst oft im Mund zu führen.

Das hätte mich schon stutzig machen müssen. Wenn die Phrasen blühen, sind ja in der Regel die Unverschämtheiten nicht weit. Und tatsächlich: darstellbar war vor allem ich. Als gläserner Kunde. Auf Herz und Nieren wurde ich geprüft, musste die Hosen runterlassen, aber so was von: Schufa, Personalausweis, Kontoauszüge, Verträge, Abrechnungen, Einkaufszettel – alles wollten sie von mir haben. Dabei gingen die sehr akkurat vor, muss ich ihnen lassen: »Herr Leukert, Ihre Daten liegen uns jetzt vollständig vor. Kleiner kostenloser Ratschlag von unserem Institut: Gegen Ihre Vorhautverengung sollten Sie etwas tun.«

Dafür habe ich den Kredit am Ende auch nicht bekommen. Das sei natürlich nicht ihre Entscheidung gewesen, schalmeite meine Finanzfachfrau, sondern die Entscheidung einer speziellen EDV, die sämtliche zur Verfügung stehenden Daten verarbeitet, um anschließend zu einem objektiven, unbestechlichen Ergebnis zu kommen. Als Annkattrin Seidelmann, so heißt die unschuldige Kundenberaterin, kurz den Raum verließ, konnte ich den Bildschirm ihres PC umdrehen und ihre Daten einsehen. Interessant, interessant. Aber ich werde es dem Wucherpack natürlich nicht mit gleicher Münze heimzahlen und irgendetwas preisgeben!

Wobei die Berliner Bank ihrerseits meine Daten vermutlich meistbietend verscherbelt. So läuft das doch. Mach ich mir keine Illusionen. Für diesen Fall habe ich allerdings vorgesorgt! Es ist mir im Moment der Abwesenheit Seidelmanns gelungen, meine Daten zu markieren, habe clever kleine Fehler eingebaut! Sollte jetzt etwa die Fleischerei Huber ins Haus flattern mit »Zwei Debrecziner zum Preis von einer«, mich mit »Lieber Herr Lockert« anschreibend, dann weiß ich BESCHEID.

Vielleicht hätte ich eine viel größere Summe beantragen sollen. Das hätte Eindruck gemacht. Mein Freund Joschel, der sich mit allem auskennt wie kein Zweiter, sagt: »Hast du eine Million Schulden, hast du ein Problem. Hast du eine Milliarde Schulden, hat die Bank ein Problem.« Deswegen ist Griechenland ja auch so fein raus. Welches Druckmittel haben denn die Nordeuropäer? Sollen sie sagen: »Geld her, oder wir schicken Kommissar Oettinger und er hält eine Rede auf Schwäbisch?« Das wäre vielleicht unfair, aber kaum wirksam. Da müsste er schon Fränkisch sprechen.

Joschel weiter: »Es gibt einfach zu viel Geld auf der Welt. Würde man alles Geld, das im Umlauf ist, in Edelmetall umrechnen, dann könnte man die Erdkugel 123-mal in Gold aufwiegen! Durch die ständige Generierung von Geld ohne echten Gegenwert entsteht ein volkswirtschaftliches Ungleichgewicht!« Wahnsinn. Das ist viel: 123-mal die Erde in Gold! Davon könnte Viktoria Beckham glatt ein ganzes Jahr leben.

Aber das ist der Punkt. Das Geld ist nicht weg. Das Geld ist nur falsch verteilt! Für mich bleibt nichts übrig! Ich beschließe, mir ein Stück vom Kuchen zu krallen und die Bank zu überfallen! Mit Worten. Leider sind sie darauf vorbereitet. Spracherkennung verstellt mir den Weg! Nach etlichen Fehlversuchen komme ich zu Menüpunkt 28b):

»Wenn Sie einen Mitarbeiter sprechen möchten, dann sagen Sie laut Mitarbeiter!«

»Mitarbeiter!«

»Leider habe ich Sie nicht richtig verstanden!«

»Miitaarbeiiteer!«

Es entsteht eine Pause. Dann:

»Leider habe ich Sie nicht richtig verstanden!«

Die Einheiten rattern durch und ich werde zunehmend sauer. Irgendwann sage ich so vor mich hin:

»Mann! Diese Arschlöcher!«

Daraufhin sagt die Stimme:

»Ach so, Sie wollen einen unserer Mitarbeiter sprechen!«

»Jaaaa, du begriffsstutziger Vollidiot!«

»Guten Tag, mein Name ist Kurzbach, ich freue mich auch, dass Sie anrufen. Was kann ich für Sie tun?«

»Tach. Haben Sie eine Idee, wie ich mein Geld anlegen kann?«

Und dann sagt Herr Kurzbach doch tatsächlich:

»Bleiben Sie einfach dran!«

Nachdem ich weitere Euro in Telefoneinheiten sowie jede Menge Nervenzellen in Nichts angelegt hatte, kam der Wutbürger in mir durch: »Asma und Mark und Dieter bekommen Darlehen, na klar! Doch wenn ich als kleiner Kunde meinen Dispokredit um schlappe 500 Euro erhöhen will, für 17,5 % Zinsen Überziehungsgebühr, dann nehmt ihr es plötzlich ganz genau. Nur beim Börsenroulette könnt ihr Milliarden verzocken. Das könnt ihr! Bei eurer Bank hat doch so ein Finanzakrobat während der Krise eine Mio verjubelt! Ist der jemals belangt worden? Nicht, dass ich wüsste. Mir fallen mittelalterliche Strafen ein: Waterboarding, Daumenschraube, Streckbrett! Ich weiß: §1 »Die Würde des Menschen ist unantastbar.« Aber ich spreche ja von Anlageberatern und Investmentbänkern!!!!

Ob meine Tirade etwas bewirkt hat, möchte ich bezweifeln. Habe mich danach aber definitiv besser gefühlt.

Asma hat sich wieder gemeldet! Immerhin. Jetzt nicht Mrs Asma al-Assad, sondern eine Asma Shavani von der Flüchtlingshilfe Orient: »Lieber Dövid Lockert, jede Hilfe ist willkommen!« Ich schrieb postwendend zurück: »Liebe Ästma Shöväni! Gerne überweise ich 50 Euro. Bin gerne bereit, weitergehende Hilfe zu leisten. Ihr müsst doch nicht in einer schäbigen Flüchtlingsunterkunft in Halle/Saale wohnen! Eine Bekannte von mir bietet euch gerne Asyl! Sie heißt Annkattrin Seidelmann, sie wohnt privat 14052 Berlin, Uhlandstr. 18, Vorderhaus 2. OG. Vorherige Anmeldung nicht nötig. Schaut da einfach vorbei. Wenn du mit deiner achtköpfigen Familie ein halbes Jahr bei Annkattrin pennen willst, ist das für sie bestimmt darstellbar.«

Your Friend Is The Trend

Eine Zeit lang war ich in der Werbebranche tätig. Als Junior Text Director. Sprich: Dschunjer Text Dairekter. Ja, wir hatten alle sehr lässige Berufsbezeichnungen. Ich fand das auch irgendwie albern, andererseits muss ich zugeben: Kloputzer klingt nicht gut, aber Zero-Zero-Manager …

Zunächst war ich für die Trendforschung zuständig. Wie entstehen Trends? Wie kann man Trends auslösen? Ich hatte konkret die Aufgabe, Fashion-Icons zu installieren, die keinerlei Basisbedürfnis befriedigen, aber da ihr Besitz einen außerordentlichen Status markiert, zu einem absoluten Must-have werden. Mein Ziel hätte ich erreicht, wenn ahnungslose Zeitgenossen Fragen stellen wie: »Ist das Mode oder Neurodermitis?« Zunächst experimentierte ich mit natürlichen Substanzen und ökologischen Glücksbringer-Schmuck-Accessoires. Das Problem war leider, dass unsere Testpersonen die Plastikfassungen, in die der getrocknete Taubenkot eingelassen war, »zu eklig« fanden. Und Plastik könne »ja auch Allergien und Hautkrankheiten auslösen«.

Meine Idee, einen Tanzstil zu kreieren, bei dem der Tänzer hüpft und mit überkreuzten Armen wackelt, als würde er auf einem Pferd sitzen, wurde leider verworfen: »So blöd sind die Leute nun auch wieder nicht«, ließ sich der Chef zu dem Thema aus, »das finden nur Deppen sexy, die Massen kriegst du damit nicht.«

Nach einem Jahr wurde ich in die Abteilung Claims abgeschoben. Hier wollte ich einen innovativen Ansatz verfolgen und dem Käufer in seinen elementaren Bedürfnissen entgegenkommen. Ausführliche und kostspielige Feldforschungen sowie umfangreiche Umfragen der Meinungsforschungsinstitute Allensbach und Infratest dimap hatten nämlich ergeben, dass es Kunden wichtig ist, nicht beschissen zu werden. Diesen Konsumentenwunsch zu erfüllen, stellte viele Branchen vor enorme Schwierigkeiten. Einige mussten bei dem Versuch, ihre Firmenpolitik ethischen Standards anzupassen, Insolvenz anmelden.

Mein Ansatz war: absolute Ehrlichkeit walten zu lassen. In den Ads auch mal mutig Sorgen und Nöte der Kunden zum Ausdruck bringen. Für die Deutsche Bahn AG beispielsweise entwarf ich den Slogan »Bei uns genießen Sie die Fahrt in vollen Zügen.« Der Telekom schlug ich »Festnetz brutal: Omas Geburtstag in Bursa Gebühren(d) feiern« vor und einem Beerdigungsunternehmen »Die Ewigkeit kann sich ganz schön hinziehen, da sollte man wenigstens bequem liegen: Wir bringen Sie gut unter«.

Was soll ich sagen? Der Art Director hat es abgelehnt: »Too risky. Ehrlichkeit ja, aber deswegen können wir doch die Verlogenheit nicht aufgeben!« Er ist ziemlich auf Konfrontationskurs gegangen. Auch, weil ich mir in dieser Zeit einen gesellschaftlichen Fauxpas leistete, und zwar bei einem Geschäftsessen mit einem Kunden aus Südkorea, der in Europa Fuß fassen wollte. Wir hatten ein lockeres Brainstorming. Alles lief zunächst prima. Am Ende war der Mann aus Seoul etwas angesäuselt: »Deinen beknackten Pferdetanz werde ich bestimmt irgendwann mal ausprobieren!«

Ich bezahlte die Rechnung, wie verabredet. Dennoch nahm mich der Art Director nach dem Dinner wütend zur Seite: »Was fällt dir ein? Wir sind ein modernes Unternehmen. Müssen auch entsprechend auftreten. Du destroyst ja hier die ganze corporate identity. Du hast doch deine Firmenkreditkarte! Wer zahlt denn heute noch mit Klimpergeld? Wer in bar zahlt, ist ein Bar-Bar!«

Er hat mich nicht einfach rausgeschmissen. Er hat mich nicht einfach outgesourced. Er hat mich stattdessen versetzt und mir den Posten eines Abteilungsleiters angeboten. Als Zero Zero-Manager. Er konnte das wirklich sehr positiv vermitteln: »Junge, sei doch nicht frustriert! Sieh das als Chance! Da hast du eigene Räume! Da kannst du Sitzungen leiten! Du kannst großes Geschäft machen!«

Leider bin ich in Sachen WC ein ziemlicher low performer. Ich komme mit den ganzen automatischen Toilettenanlagen nicht klar. Diese Lichtschranken-Urinal-Sensorik bereitet mir Kopfschmerzen. Ich sehne mich immer nach einem ganz einfachen Wasserhahn mit rot und blau. Zum Aufdrehen. Und Zudrehen. Bei den elektronischen Anlagen kannst du nicht regulieren, da spritzt das immer raus, du machst dir alles voll. Wenn du den Auslöser überhaupt findest! Neulich war ich auf einer Autobahnraststätte. Dachte, hätte ihn gefunden – wusch, gingen über mir die Fernfahrer-Duschen an.

Oder kürzlich. In der Toilette einer Diskothek. Na klar: Vollautomatischer Handtuchkasten. Nirgendwo ein Knopf. Ich fasse so in den Schlitz rein, um das Tuch irgendwie herauszuziehen. Plötzlich fängt das Teil an zu rattern, erfasst meinen Ärmel. Meinen Arm. Ich bleibe drin stecken. Panik. Stemme mich gegen die Wand, das Ding bricht aus der Verankerung. Bleibt aber an meiner Hand. Ich liege auf den kalten Fliesen mit dem Teil am Arm, denke: Was wollen die Götter mir nun damit sagen?

Meine Nieren funkten Stresshormone, schickten aber gleichfalls ein paar Botenstoffe der Besonnenheit. »Ganz ruhig! Und nix wie raus! Nur möglichst unauffällig!« Das Problem war. Der einzige Weg zum Ausgang. Führte quer über die Tanzfläche. Fast hatte ich es geschafft. Kurz vor der Tür. Tippt mir jemand auf die Schulter: »He, Typ, was hast du denn da? Hähähä!« Instinktiv begann ich, mich rhythmisch im Takt der Musik zu bewegen. Die Moves kamen sehr locker. Das war nicht schwer. Meine Knie zitterten ohnehin: »Ähm, das ist … Ich habe … Das trägt man jetzt so … Das nennt man ›Objekt-Tanz‹!«

He! Das hat den Leuten imponiert! Nach einer Weile kam ein Typ vom Klo zurück mit der Schüssel. Ein anderer stülpte sich die Grüne Tonne über. War echt was los auf der Tanzfläche. Und ich war plötzlich der Mega-Hipster. Vor allem hat das Schule gemacht! Inzwischen gibt es einen angesagten Club in Berlin, in den kommst du gar nicht rein ohne eine Saftpresse am Bein. Oder einen Kühlschrank auf dem Rücken. Ich spüre: Objekt-Tanz – das kann ein richtig großes Ding werden! Momentan sondiere ich verschiedene Konzepte, um diesen Trend weiter zu verbreiten. Ich weiß noch nicht genau, wie ich vorgehe. Ich weiß nur, dass ich Psy Park Jae-sang erst mal nichts davon erzähle.

Audi-Fahrer haben es auch nicht leicht

Men made the cars, but it would be nothing
Without a woman
He is lost in the wilderness, he is lost in bitterness
James Brown

Avant fahren ist cool, keine Frage. Die Anerkennung der Männerwelt ist dir sicher. Jeder weiß, was das Auto leistet. Der Wagen verbindet solide Eleganz mit nüchterner Funktionalität. Design und Proportionen verkünden Understatement. Obere Mittelklasse, untere Oberklasse – in diesem Spektrum bewegt sich das Ding. Mehr als ein Passat, weniger als ein SUV. Von einem Protzmobil ist der Kombi weit entfernt und gebraucht durchaus erschwinglich. Doch niemand (niemand!) will auch mal die Schattenseiten des Audimobilisten wahrnehmen, die Sorgen und Nöte eines A6-Fahrers! Nahezu jede Woche kommt nämlich jemand an, der etwas »mit deinem tollen Kombi« transportieren will. »Du, bei meiner Oma ist die Heizung ausgefallen, können wir kurz meinen Ölradiator aus dem Keller holen und bei dir hinten reinstecken? Geht doch schnell!« »Klar, kein Thema.«

Meine Leute haben es immer so dermaßen raus, dringende persönliche Notlagen anzuführen, dass ich unmöglich Nein sagen kann, ohne monatelang der Arsch zu sein. Niemand fragt: »Würde es dir was ausmachen, wenn wir vielleicht zusammen, also falls du Zeit hast …« Nein, alle sagen so etwas wie: »Du, sorry, aber meiner Tante geht es echt nicht gut, dieser ergotherapeutische Lattenrost muss unbedingt zu ihr. Heute noch!« Als wir das Ding zu Joschels Tante mit dem schweren Rückenleiden brachten, kam sie uns in der zweiten Etage übrigens fröhlich jubelnd entgegen, um den Bettuntersatz anschließend ganz alleine die restlichen Stockwerke hochzuschleppen. Ich hatte schon davon gehört. Nächstenliebe bewirkt manchmal eine verblüffende Spontanheilung. Und dann macht man es ja auch gerne. Dass dir jemand beim Tragen entgegenkommt, ist natürlich eher die Ausnahme, dass jemand im vierten Stock wohnt, aber die Regel. Alle meine Bekannten wohnen mindestens im dritten Stock! Ich muss da in Zukunft besser aufpassen und beim Kennenlernen dringend die Auswahlkriterien optimieren. Eisenhart will ich in Zukunft sein, eisenhart! Sollte mir Megan Fox über den Weg laufen, frage ich sie sofort, wie sie wohnt! »Hinterhaus, Dachgeschoss? Tschüss!«

Und die geborenen Psychologen wie Joschel fallen ebenfalls durchs Raster! Joschel ist Meister im Manipulieren und Überreden, seine Argumentation nimmt problemlos jede soziale Hürde. Zuletzt kam er mit einer dringenden Familienangelegenheit: »Meine Tochter ist doch ausgezogen, studiert jetzt in Westdeutschland. Und sie hat ihre geliebte Kommode vergessen, die muss ich ihr als Geburtstagsüberraschung unbedingt nächstes Wochenende vorbeibringen. Hannover ist nicht so weit, das ist doch glatt in zwei Stunden erledigt, ich meine, mit deinem Wagen auf jeden. Alter! Hannover – eine Hammerstadt übrigens! Bei der Gelegenheit machen wir ein Wochenende drauf! He, Hannover!

Wird unterschätzt. Hannover ist sehr schön gewesen vor dem Krieg, wusstest du das?«

Noch ein Problem: Alle wollen den Fahruntersatz kaufen, ständig habe ich diese nervigen Kärtchen an der Scheibe: »Wir kaufen Ihren Wagen! Interessiert?« »Nein!« Einmal stand ich auf der Autobahn im zähflüssigen Verkehr. Fahre an den Rand, steige aus, gönne mir eine kleine Pause. Kommt ein Mitmensch auf mich zu. Denke schon, er denkt, ich hätte eine Panne. Er will mir helfen. Die Leute sind doch gut! Fragt er: »Isch will dein Auto koffen, ne. Verkaufst du, ne? Escht groß, ne?« »Nein! Ich will nicht verkaufen! Ich will meine Blase leeren! Aber danke für das Kompliment!«

Kürzlich hielt mich ein Polizist an. Fing schon an zu grübeln, was ich falsch gemacht haben könnte. Jemandem die Vorfahrt genommen? Mangelnde Umsicht beim Abbiegen? Handelt es sich um eine allgemeine Verkehrs- oder Alkoholkontrolle? Der Beamte stützte sich auf die Reling, noch bevor ich die Scheibe heruntergelassen hatte: »Papiere bitte! Aha. Betrunken sind Sie nicht. Schönen Avant haben Sie da übrigens. Sehr geräumig. Es ist so: Ich muss nächste Woche eine Matratze transportieren. Meine Mutter ist sehr krank, sie macht es sicher nicht mehr lange …«

»Aber dafür hast du ja auch eine Menge Vorteile«, höre ich immer wieder von männlicher Seite, »Frauen wissen ein gutes Auto doch zu schätzen. Höhöhö.« Quatsch. Frauen wissen es eben nicht zu schätzen. Ich weiß, einige unverbesserliche Typen glauben immer noch, Frauen mit Autos imponieren zu können. Was für ein Irrtum! Vergiss es! Nein, nicht: »Ich kenne da aber jemand …« Nein, lass es!

Blödsinn. Frauen interessieren sich nicht für Autos! Haben auch keine Ahnung! Ist ja nicht so, dass ich es nicht versucht hätte. Habe mit einer guten Freundin eine Spritztour gemacht, gleich, als der Wagen neu war. Ich besitze, wie gesagt, diesen Audi A6 Avant. TDI 2.5 Kubik. Sage es nur noch mal zum besseren Verständnis. Wir sitzen so, fahren raus an einem Wochenende, kleiner Ausflug. Ich fahre übrigens die Version mit dem stärkeren Motor, 185 PS – ist jetzt nicht so wichtig. Wir düsen in den Wald. Das Wetter ist prima. Ich habe diese Tiptronic-Schaltung. Kann man sowohl schalten als auch mit Automatik … Egal. Schönes Wetter, die Sonne scheint, o.k., das hatte ich schon bemerkt. Die Chromfelgen sind serienmäßig. Ist jetzt wursch. Erzähle das nur zu Informationszwecken. Jedenfalls meint sie plötzlich: »Ach, tolles Auto! So ruhig, man hat das Gefühl, man schwebt …« Denke: »Toll, sie weiß das zu schätzen?! Sensationell!« Dann stehen wir an der Ampel, vor uns steht ein alter Opel Astra Kombi, und die Dame: »Ach, guck mal! Da ist auch so einer, wie du ihn hast!« Der hatte die gleiche Farbe, irgendwie! Und er war hinten auch »so eckig« irgendwie!

Ich habe die Nase voll. Die Vorteile dieses Wagens können die Nachteile keinesfalls ausgleichen – von den teuren Ersatzteilen mal ganz abgesehen. Ich werde die Marke wechseln. Ich kaufe mir einen Mercedes, und zwar einen Smart. Und den A6 verkaufe ich! An Joschel. Und dann ziehe ich um! Und dann kann er mal sehen. Gleich nächste Woche mache ich das. Nachdem ich die Matratze zur Mutter des Polizisten gebracht habe.

Protestantismus und Marktwirtschaft[2]

Ich glaube. Es gibt das Paradies. Wir haben es nur verloren. Wir wollen es unbedingt wiederfinden. Ein Leben lang sind wir auf der verzweifelten Suche nach Harmonie und Wohlbefinden. Doch wenn wir das Paradies wiedererlangen wollen, müssen wir erst durch ein tiefes Tal des Leidens gehen, fleißig sein, bedrückende Lebenserfahrungen machen und die Werbung von Carglass ertragen. Immer wieder hören wir dabei die Stimme Luzifers, der uns vom rechten Weg abbringen will: »So ein kleiner Sprung in der Frontscheibe sieht harmlos aus, aber der kann schnell zu einem großen Riss führen – kommen Sie zu Carglass!«

Auf unserem Weg durch die Niederungen des irdischen Daseins schwanken wir voller Ungewissheit zwischen Furcht und Hoffnung, denn es ist gar nicht sicher, ob die Überschussbeteiligung der Lebensversicherung am Ende überhaupt ausgezahlt wird. Und der Garantiezinssatz von 1,5 % – unterhalb der Inflationsrate – ist ja wohl läppisch! Zu allem Überfluss müssen wir auch noch ständig diese Tagesgeldangebote von Niederländischen Banken erdulden: »Damit du groß und stark wirst!« Warum tut Gott nichts dagegen?

In Sachen Inferno hielt ich es lange Zeit mit den Juden, die nicht an eine Hölle glauben. Es gibt keine ewige Verdammnis. Ich glaube auch nicht an Nietzsches Horrorvision von der Wiederkehr des ewig Gleichen. Ewig ist nur die

---

2 Quellenangabe: Max Weber, Die protestantische Ethik und der Geist des Kapitalismus

Werbung von Carglass. Die kommt echt immer wieder. Die Niederländischen Banken werden sicher irgendwann aufgeben, das ist wie im Sport.

Ich war jedenfalls der Auffassung: Eine Hölle gibt es nicht. Doch dann kam ich nach Böblingen. Ein Ort in Württemberg mit einer Umgehungsstraße als kulturellem Höhepunkt. Besucher der Kleinstadt gewinnen sofort einen Eindruck vom ewigen Nichts. Grautöne bestimmen das Stadtbild. Wer es hier wagte, Gelb oder Blau oder gar Rosa aufzutragen, den würde sicher der unerbittliche Arm des Gesetzes treffen. Der würde verurteilt wegen Lebensfreude, dazu verdammt, auf ewig in Böblingen zu wohnen. Mein Sündenregister war offenbar so gut gefüllt, dass es dem Schicksal beliebte, mich für ein paar Jahre an diesen Ort zu verschlagen, wo die schwäbische Kehrwoche rituell zelebriert wird. Kehrwoche. Kehrwoche. Kehrwoche. Das bedeutet die geregelte wöchentliche Reinigung gemeinschaftlich genutzten Wohnraums unter strenger Aufsicht von Mitbewohnern und Nachbarn.

Die Kehrwoche hat, was nicht wirklich verwundert, einen religiösen Hintergrund. Im 19. Jahrhundert haben sich Staat und Kirche zusammengetan und überlegt, wie man Schwaben vom Sündigen abhalten kann. Ergebnis dieses Think-Tanks: Wer arbeitet, also den Besen schwingt, sündigt nicht! Menschen außerhalb von Württemberg mögen einwenden: Das funktioniert nicht, denn die Sünde besteht ja im Schwabe-Sein an sich. Ich zumindest muss mich mit meinem Urteil zurückhalten, denn ich bin ebenfalls protestantisch geprägt. Der Gedanke, durch Arbeit und Askese eine höhere Daseinsstufe erklimmen zu können, ist typisch protestantisch und in

Nord-und Mitteleuropa sowie in Nordamerika weit verbreitet. Der Schwabe sieht das nur konkreter. Mein ehemaliger Nachbar in Böblingen hat immer gesagt: Es heißt schließlich »in den Himmel einkehren«. Da bot es sich für mich förmlich an zu erwidern: »Es heißt auch Fegefeuer.«

Immerhin. Schwaben kehren vor der eigenen Tür, muss man ihnen zugutehalten. Es gibt noch extremere Formen des Protestantismus. Die Calvinisten in Holland beispielsweise sind der Auffassung: Wenn wir viel Geld verdienen, kommen wir in den Himmel. Die Evangelikalen in den USA meinen, Profit, Missionierung und die Eroberung anderer Länder, sowie der völlige Verzicht auf Vollkornbrot und Geografiekenntnisse würden das Tor zum Paradies weit aufstoßen. Wie läuft es bei uns? Bei uns gilt Arbeit als heilig. Arbeitslosigkeit stellt nicht nur ein finanzielles, sondern für viele auch ein ethisch-moralisches Problem dar. Wer nicht »schafft« (Schwaben-Slang), gilt als wertlos, als fauler Sack – vielleicht mit Ausnahme von Beamten der höheren und mittleren Verwaltungsebene.

Denn es steht geschrieben: »Wer nicht arbeitet, soll auch nicht essen.« (2. Brief des Paulus an die Thessalonicher, Kapitel 3, Vers 10) Reformierte folgern daraus, dass sie auch nicht feiern sollten, und wenn, dann nur mit äußerster Disziplin! Weihnachten feiern wir die Geburt des Erlösers und wünschen uns ein »Frohes Fest«. Aber ehrlich: Wenn so ein evangelischer Kirchenchor todernst »Oh, du Fröhliche!« anstimmt, hat man das Gefühl, die Sänger stehen bei einer Beerdigung vor einem Massengrab.

Vielleicht sollten wir Protestanten versuchen, uns etwas

zu entspannen, auch wenn es schwerfällt. Ideologisch lässt sich das durchaus rechtfertigen: »Wer nicht liebt Wein, Weib und Gesang, der bleibt ein Narr ein Leben lang.« Von wem ist das Zitat? Hm? Wer weiß es? Genau, von Martin Luther! Kaum zu glauben. Also, ich habe erst gedacht, es ist von Roberto Blanco. Doch es stammt von einem der Urväter des Protestantismus. Die Frage ist, warum sich der Protestantismus so weit entfernt hat von Roberto Blanco. Vielleicht, weil die Sünden so schwer wiegen. Wir können ja nicht beichten!

Manchmal beneide ich Katholiken. Die können huren, saufen und Konfetti werfen, und dann legen sie ein Schuldbekenntnis ab, und schlagartig fällt ihr Fehlerpunkte-Score wieder auf null! Stelle mir vor, so eine Katholikin geht am Wochenende einfach zur Beichte und sagt: »Herr Pfarrer, ich habe gesündigt, ich hatte was mit Marcus aus der 10. Klasse.« Dann antwortet der Pfarrer: »Ja, ist doch nicht so schlimm. Ich auch.« Und gut ist!

Habe beschlossen, das jetzt auch mal auszuprobieren. Vergebung auf Schnäppchen-Basis anfordern. Schnupperkurie machen. Bisschen Schiss habe ich aber schon. Wenn ich meine Verfehlungen bekenne, könnte hinter der geschnitzten Zwischenwand des Beichtstuhls die leiernde Stimme des Leibhaftigen ertönen, der mir rät: »Wir erledigen den Rest ganz einfach mit Ihrer Versicherung. Kommen Sie zu Carglass.«

Willkommen in der Dienstleistungshölle

Sammeln Sie Herzen?

Ich bin ein schlauer Verbraucher. Ich sammele Punkte. Ich mache alle Bonusprogramme mit. In Krisenzeiten und in Phasen der schleichenden Inflation sind Rabattsysteme einfach eine feine Sache. Oder? Mein Lieblingsprogramm läuft bei der Krankenkasse. Wenn ich an Vorbeugungsprogrammen teilnehme und zweihundert Punkte vorweisen kann, dann bekomme ich einen Hüpfball geschenkt! Muss noch mal nachschauen, aber ich glaube, bei hundert weiteren Punkten erhalte ich Stöcke dazu: Nordic Hopping!

Mein Leben hat wieder einen Sinn! Seit ich Punkte sammeln kann, bin ich viel positiver unterwegs. Es gibt ja auch viele Gelegenheiten. Nahezu jede Firma, jedes Geschäft bietet ein Bonusprogramm an. Überall geben sie dir diese Kärtchen. An der Tanke. Beim Döner. Wenn ich 15 abgestempelte Bügeleisen vorweise, bekomme ich in der Reinigung ein Hemd umsonst gewaschen! In Berlin haben sogar die Punker ein Punkteprogramm. Punker-Punkte! Die Jungs verfolgen ein sehr einleuchtendes Konzept: »Ey, haste mal 'n Euro? Wenn du mir 10 Euro gibst, kriegst du einen zurück!«

Super finde ich, dass man die Bonusprogramme auch austauschen kann. Das weckt zusätzlich die Sammlerleidenschaft. Für einen vertelefonierten Euro bei Vodafone beispielsweise bekomme ich, sage und schreibe, eine Lufthansa-Meile gutgeschrieben. Sensationell. Habe mir ausgerechnet: Muss pro Monat lediglich für zweitausend Euro mobil telefonieren, dann kann ich in einem Jahr umsonst von Berlin nach Paderborn fliegen! Ganz ehrlich? Da hüpfe ich lieber hin!

Was leider noch nicht geht – ich kann die Krankenkassen-Punkte noch nicht bei Vodafone geltend machen. Wäre doch eigentlich eine prima Synergie. Du gehst mit zweihundert Gesundheitspunkten in den Vodafone-Shop und bekommst dort umsonst einen Einlauf. Habe das neulich konkret vorgeschlagen. Leider zeigte sich die Verkäuferin meinem Vorschlag gegenüber wenig aufgeschlossen. Dabei hatte ich gute Argumente, die ich auch noch vorbrachte, als mich die Sicherheitsleute abführten: »Ist doch eine Geschäftsidee! Einlauf! Einlauf! Versteht ihr? Da würde endlich mal was bei rauskommen! Da würde sogar mehr bei rauskommen, als man reingesteckt hat! Wo gibt es das denn heute noch für den Kunden?! O.k., ich gebe zu: Für den Arsch ist es auch!«

Die Service-Invasion der VDSL-Monster

Manchmal ereilt einen das Schicksal ganz unverhofft. Manchmal sieht man es kommen und kann nichts dagegen tun. Ich hatte das Schicksal herausgefordert! Es klopfte an meiner Tür. Meine Klingel ist kaputt. Es klopfte. Der Tod? Nein, die Telekom.

Hatte mir diesen sehr schnellen Internet-Zugang VDSL bestellt: »Mehrere TV- und internetfähige Geräte gleichzeitig nutzen, das Internet bis zu 8x schneller erleben als mit DSL 6000.« Betroffene Leidgenossen wissen vielleicht Bescheid. Die Installation ... Geht nicht ganz so schnell ... Ich wollte aber einfach mal vorurteilslos an die Sache herangehen. Gib ihnen eine Chance, dachte ich. Außerdem hat mich die Werbung ermutigt. Im Prospekt stand: »Deutsche Telekom – Kundennähe liegt uns besonders am Herzen!« Das kann ich voll und ganz bestätigen. Der Installateur war ungefähr vier Wochen lang jeden Tag in meiner Nähe!

Allein den ersten Tag werde ich nicht vergessen. Grußlos stürmte die energische Servicekraft meine Wohnung: »Wo sollndetjetzhin?« »Tja, also ...« »Entscheidensichmahabekeenezeit, arbeiteimakkord!« »O.k., dann würde ich sagen ...« »Wat? Neehiergehtdetnich!« »Hm, dann schlage ich vor ...« »Gutdennentscheideichdasjetz: Hier kommt det hin!« »Meinen Sie?« »Ja, aber die Wand kanndanichbleiben!«

Vermutlich tiefsitzende Ängste kamen in mir hoch. So

müssen sich unsere Vorfahren gefühlt haben, wenn es hieß: »Die Hunnen kommen!« Gut, der Vergleich zwischen den Hunnen und dem Service in Deutschland ist vielleicht etwas hochgegriffen. Ich will die Hunnen jetzt auch nicht schlechtmachen.

Als sich der Plünderer daranmachte, die Wand zwischen Wohn- und Arbeitszimmer einzureißen, als er mich fragte, ob ich einen Hammer hätte, er hätte seinen nicht dabei, als er feststellte, dass er die Bedienungsanleitung nicht versteht und »morgen oder so noch mal kommen« muss, wurde mir klar: Bei der Telekom sind nicht nur die Radrennfahrer gedopt. Ich weiß. Die Mannschaft, die früher unter anderem bei der Tour de France angetreten ist, gibt es nicht mehr. Aber die anderen Mitarbeiter spritzen weiter! Und die Leute vom Rechnungswesen müssen besonders hoch dosieren. Habe eine Rechnung erhalten: »0 Einheiten nach Köln 68 Euro«. Dachte zunächst: Das kann man sicher klären. Rufe beim Telekom-Kundendienst an. Da pampt mich die Dienstleisterin auf diese gelernt freundliche Art an: »Wir haben eines der besten EDV-Systeme der Welt, Herr Leukert! Eigentlich machen wir da keine Fehler.«

Ich sage: »Genau, und das ist noch nicht alles. Sie dichten mir hier noch eine 0900-Nummer an. Ich rufe keine Sex-Hotlines an. Schon gar nicht die ›strenge Erziehung‹. Was soll der Sadomaso-Quatsch? Wenn ich mich schlecht behandeln lassen will, rufe ich beim Telekom-Kundendienst an! Ein echter Masochist bestellt einfach VDSL. Dann kommt der Peiniger sogar ins Haus!« Und ich habe hinzugefügt, das war mir wichtig, auch wenn es mir aus persönlichen Gründen etwas peinlich ist: »Wenn der Masochist ganz hart drauf ist, dann kauft er sich noch ein paar Telekom-Aktien dazu, so hält der Schmerz ein Leben lang an!«

Denglisch für Fortgeschrittene

Kinder können in hervorragender Weise zwei Sprachen gleichzeitig lernen. Zweisprachigkeit bietet sich heute bei den vielen binationalen Partnerschaften geradezu an, etwa Mutter: Deutsch, Vater: Hessisch. Besser wäre natürlich: Deutsch und Englisch.

Das frühe Erlernen der Weltsprache erscheint besonders sinnvoll, denn in unserem Land wird ein Kind Englisch später nicht mehr richtig verinnerlichen können. Wir »erfinden« ja englische Ausdrücke, die ein Brite oder Amerikaner nicht versteht. In Berlin fand ein Outdoorshop-Besitzer das Wort Rucksack uncool, glaubte stattdessen einen »bodybag« verkaufen zu müssen. Nun kann man von einem Rübezahl, der Reiseutensilien für Globetrotter vertickert, nicht erwarten, dass er große Ahnung hat von der Zunge Shakespeares. Ist aber schon unglücklich, denn »bodybag« bedeutet Leichensack. »Schatz, ich mache mir irgendwie Sorgen, wenn du alleine ins Gebirge gehst!«

Nehmen wir Volkswagen mit seinem sparsamen Motor »BlueMotion«. Auch ein Weltkonzern muss in der Krise sparen, und ein Dolmetscher steht in Wolfsburg anscheinend nicht mehr auf der payroll. Leider ist Englisch eine komplizierte Sprache. Je nach Zusammenhang kann blue pornografisch, aber auch depressiv bedeuten. Was ist denn das für ein Auto? Ich setze mich da nicht rein. »BlueMotion« – da kann ich gleich sagen: »He, ich fahre jetzt den neuen Masturbation! Sparsam, aber spritzig.«

Für welche Zielgruppe ist der Wagen noch mal konzipiert?

Mal aufgefallen? Wenn Anglizismen im Spiel sind, steckt oft was Peinliches oder Teures dahinter. Nicht genug, dass ich in Deutschland etwa an der Autobahnraststätte 1 Euro zahlen muss, um meine Notdurft verrichten zu können, und noch einen Anschiss bekomme, wenn ich stattdessen draußen umsonst in die Hecke mache. Nein, am Hauptbahnhof in Düsseldorf heißt diese Bedürfnisanstalt »Wash and Rail«. »Wash and Rail«. Wie wir alle wissen, bedeutet »to rail« so viel wie »sich beschweren, schimpfen«, (»to complain or protest strongly«, sagt das Thesaurus-Wörterbuch). Und dieses Angebot möchte ich gerne mal annehmen, einen Brief schreiben: »Lieber Pissbeckenbesitzer: Musste eigentlich derjenige, der dir ins Hirn geschissen hat, dafür auch 1 Euro zahlen?« »Wash and Rail«. So ein Quatsch! Angemessen wäre: »Pay, piss und fuck off!«

Dabei können wir uns von den Nordamerikanern durchaus 'ne Scheibe abschneiden. Aber doch nicht immer von der schimmeligen Seite! In puncto Service-Qualität sind sie uns ein paar Schritte voraus. Ich bin öfter mal in Kanada. Wenn du in Ontario oder in Saskatchewan in den Supermarkt gehst – keiner kennt dich –, wirst du an der Kasse begrüßt: »Welcome, how are you today?«

Nun, für mich war das zunächst befremdlich, und ich habe, vor meinem Berliner kulturellen Hintergrund, geantwortet: »Hör mal, das geht dich ja wohl 'n Scheiß an!« Mit der Zeit fand ich es immer angenehmer. Erst recht, wenn ich mir überlege, wie ich in Deutschland begrüßt werde.

Wenn ich, sagen wir, mit einer Tüte Chips, einem Bier, einer Milchschnitte und einer Zeitung an der Tanke zur Kasse gehe: »Alles?«

Was ist denn das für ein völlig unmöglicher, unverschämter Ausdruck? »Alles?« »Reicht es dir nicht? Kannst du den Hals nicht vollkriegen? Ich latze 17 Euro 95 für deine völlig überteuerten Produkte, und du sagst ›Alles?‹ Ich habe dem Tankstellenfritzen bei mir um die Ecke zu verstehen gegeben: »Wenn ich das nächste Mal komme und du noch mal ›Alles?‹ sagst, dann pisse ich nicht in die Hecke, sondern hier in die Auslage!«

Der Baumarkt als Wille und Vorstellung

Die Zahl der Bücher, die ich nicht gelesen habe, nimmt zu. Ein Regal muss her! Ich gehe in den Baumarkt, um so ein weißes plastikfurniertes Pressspanbrett zu erwerben. Vier Meter mal dreißig. Plus Regalstützen.

Die automatische Tür öffnet sich. Schon beim Betreten des Eingangsbereiches spüre ich eine jagende Freude im Bauch, die nur Menschen empfinden, die wirklich etwas Großes vorhaben. Die Baumarktwelt der Kreuzschrauben, der Blaukopfnägel, der Fischer-Dübel und Flüssigkleberpistolen fasziniert: Fußleiste locker? Passende Schraube wählen, bohren, alles klar! Fugen undicht? Fugenkitt rein, fertig! Das ist die Welt des Machbaren, der lösbaren Probleme und der sichtbaren Ergebnisse! Diese Welt ist noch in Ordnung! Kein Gefühlschaos: »Du, was du da gesagt hast, finde ich schwierig.« »Ich hab's gar nicht so gesagt.« »Doch, ich habe es aber so empfunden ...« Nichts mit Tiefdenkerwerken wie Schopenhauers: ›Die Welt als Wille und Vorstellung‹, obwohl ich unter anderem für dieses Buch ein Regal brauche. Der Baumarkt steht für das echte, das einfache und richtige Leben!

Professionell gekleidet, in Jeans und kariertem Flanellhemd, schlendere ich durch die mächtigen Regalschluchten, durch diese Canyons aus Heimwerkerware. Ich merke: Ja, ich bin ein Tatmensch, ein Machertyp! Ich pack's an! Ich mach mein Ding! Ich bin ein Hornbach-Kerl, ein Obi Wan Kenobi! Dübeln statt Grübeln!

Wo war gleich noch mal die Holzabteilung? Baumärkte sind doch ganz schön unübersichtlich. Kein Wunder, dass das Großmütterchen dort so einen verlorenen Eindruck macht. Sucht wahrscheinlich einen Bosch-Bohrer, den sich ihr Enkel gewünscht hat. Da werde ich mal helfend eingreifen. Ein Machertyp ist immer auch ein wenig Pfadfinder. Er ist hilfsbereit unterwegs und stellt sich seiner sozialen Verantwortung.

»Kann ich irgendetwas für Sie tun?«, frage ich. »Was suchen Sie denn?«, fragt das Mütterchen energisch zurück. »Ich? Ich suche die Holzabteilung.« »Geradeaus und dann links, gleich nach der Sanitär-Ausstellung«, sagt die Oma. »Oh, vielen Dank!«

Der Mann, der mir das Brett zuschneidet, hat schlechte Laune. Dabei lebt er doch hier im Macher-Paradies! Schaut mürrisch, als hätte er etwas gegen mich persönlich. Dabei sind wir uns nie zuvor begegnet. Ich habe den Eindruck, er möchte mir unbedingt einen Vorwurf machen. Und er findet einen Weg: »Wiewollnsndastransportiernhamsnkeinwagennabei?« »Nein«, sage ich, »ich werde doch hier nicht mit so einem flachen Einkaufswagen durch die Halle brettern (sic!), das ist was für Hausfrauen.«

Ich schultere das Brett, halte es urwüchsig mit einer Hand. Lässig. Lumberjackstyle. So mache ich mich auf die Suche nach den Regalstützen. Natürlich könnte ich einen Angestellten nach dem Weg fragen. Aber ich traue mich nicht. Zum einen müsste ich erst mal einen auskunftsbereiten Angestellten finden. Zum anderen ist es Fachkräften gegenüber immer unangenehm, die genaue Bezeichnung nicht zu kennen und zu stottern »Ähm, ich suche so Stützen, so Halter, Halterungen, für drunter zum Halten, für hier so … für Bretter«, um sich dann eine herablassende Experten-Antwort einzufangen wie: »Ach so, Sie meinen wohl scharnierlose Flipphalterungen im Metallleistensystem.«

Erneut erscheint das Mütterchen auf der Bildfläche. »Dafür brauchen Sie die Regalstützen Orion!«, ruft die Greisin ungefragt. »Ah, ähm, ach so«, erwidere ich. »Sie kennen sich wohl gar nicht aus. Die finden Sie da hinten vor den Kassen am Ende des Ganges«, schnarrt das vorlaute alte Wrack.

Wenn sie hier schon Auskunft gibt, könnte ihre Wegbeschreibung aber auch ein bisschen genauer sein. Am Ende des Ganges… Vielleicht auf der anderen Seite des Ganges. Auf dieser Seite des Ganges befinden sich klebende Filzuntersetzer. Auf Höhe der Kassen drehe ich mich um. Mit entschlossener Geste, vielleicht doch schon etwas genervt. Ich treffe jemanden. Mit dem Brett an die Schläfe. Unabsichtlich. Natürlich.

Oi weh! Der Tatmensch in mir hat einen Kollateralschaden angerichtet. Sofort verzieht er sich feige und lässt mich als klagenden Hänfling zurück: »Oh, ähm. Nein! 'tschuldigung. Sorry, echt! Oh, Mann!« Eine Dame liegt dunkelhaarig auf dem Boden, sie grummelt. Sehr seltsam, sehr unangenehm.

Eine Menschentraube artikuliert sich: »Trottel.« »Das war Absicht!« »Kannten Sie die Frau?« »Das kommt von den Drogen!« »Die jungen Menschen haben einfach nicht mehr gelernt, Konflikte ohne Gewalt auszutragen.« »Ich

habe Ihnen doch gesagt, Sie sollen einen Wagen nehmen.«
»Jungchen, dort hinten, nicht an dieser Kasse!«

Drei Tage später läute ich an der Tür einer Charlottenburger Altbauwohnung. Halte mich an einem Gebüsch aus Narzissen und Rosen fest. Durch das Grün hindurch sehe ich ein rot-weißes Dirndl. Das sieht gar nicht mal albern aus. Auch das Pflaster an der Stirn steht ihr gut. Sie sagt »Ach!«, als wäre ich ein alter Bekannter, und bittet mich herein.

»Tja also, kann mich nur noch mal entschuldigen ...«

»Sie müssten mich kennen.«

»Wie jetzt?«

»Ich moderiere nachts die Call-in-Show auf Kabel7.«

»Was?«

»B-U-A-M-A-K-R-T! Welches Wort suchen wir? Rufen Sie an! 10 000 Euro sind im Jackpot! Nie gesehen?«

»Stimmt! Klar doch! Das ist ein Hammer. Mensch, wenn ich das gewusst hätte! Hätte ich mir nicht so ein schlechtes Gewissen machen müssen.«

»Nein, hätten Sie nicht. Es war ein Erlebnis! Das Brett – sooo intensiv. Und diese schwarze Leere, echt! Es war die beste schwarze Leere, die ich je hatte, ever!«

Das muss ich akzeptieren. Ausgerechnet in der lösungsorientierten Baumarktwelt bin ich an ein verdrehtes Medienmädchen mit unübersichtlichem Seelenleben geraten. Sage: »Wie kann ich das wieder gut machen?«, höre: »Sie können es wieder gut machen, indem Sie es noch mal machen!«

Ich: »Hätten Sie Lust, was essen zu gehen?«

Sie: »Mach es wieder gut!«, duzt sie mich plötzlich.

»Nimm dieses Zwiebelbrett und hau zu!«

Angst treibt mich zur Tür. Doch die Dirndl-Dame schneidet mir den Weg ab.

»Du wolltest dich entschuldigen! Du wolltest es wieder gut machen?«

»Ja.«

»Glaubst du, mit ein paar Blumen ist es getan?« Während sie das sagt, bohrt sie mir ihren Zeigefinger in den Bauch. Wir gehen zurück zum Sofa. Ich nehme das Zwiebelbrett und klopfe damit gegen ihre Stirn.

»Das kannst du besser! Ich weiß es!«, ruft sie.

Ich hole aus und schlage zu. Sie schreit und fällt um.

In dem Augenblick, oder danach oder davor, ich weiß es nicht mehr so genau, erscheint ein Kerl im Blaumann mit verschmierten Händen, ganz klar ein Handwerker, ein Machertyp. Ihr Freund? Ihr WG-Mitbewohner? Ich komme nicht dazu, diesen Gedanken zu Ende zu führen. Er haut mir das Zwiebelbrett um die Ohren. Ich versinke in einen tiefen Schlaf. Ich träume von Klempnerzangen, Spanholzbrettern und dem echten Leben.

Trautes Heim

Ich bin seit Kurzem Besitzer einer kleinen Eigentumswohnung! Home, sweet home! Das hat was. Da hat man was. Was hat man? Ärger. Andererseits macht das Loft schon was her. Seit dem Kauf bin ich im Ansehen meiner Herkunftsfamilie enorm gestiegen. Ich kann jetzt sagen: »Ich weiß, Opa, du warst in Stalingrad, aber ich war auf einer Eigentümerversammlung!«

Bei der letzten Eigentümerversammlung meldet sich Herr Lehmann zu Wort. Herrn Lehmann kennen auch Mieter. Das ist der ältere Herr mit Schnauzer im gelben Pullover. Das ist der, der Bescheid weiß. Herr Lehmann mahnt an, dass wir bitte unten an der Haustür nach 20 Uhr abschließen. Und wir sollen nicht einmal abschließen, sondern *zweimal*! Das ist effektiv! Klar. Ein Einbrecher wird sich sagen: Oh, einmal habe ich das Schloss geknackt. Aber so ein Mist! Es ist zweimal abgeschlossen! Ich gebe auf!« Dann kriegt er Angst, und das sehe ich ein, weil ihm in dem Moment klar wird: »Verdammt! Hier wohnt ein Typ im gelbem Pullover!«

Doch der eigentliche Skandal der letzten Eigentümerversammlung: Ich habe auf meinem Balkon ein Markise angebracht. Eine Markise. Eine Markise. Eine Markise in orange. Laien denken vielleicht: Wieso? Ist doch Eigentum, kann man machen, was man will. Weit gefehlt! Denn es gibt ein ehernes Gesetz, auf das mich die Verwalterin akkurat aufmerksam gemacht hat: »Herr Leukert, Sie sollten doch wissen: Innen ist Eigentümersache, da können Sie machen, was Sie wollen. Aber außen ist Sache der Eigentümergemeinschaft!« Und da ist mir mal wieder klar geworden, woher das Wort »gemein« ursprünglich kommt. »Ja, aber ich ähm … Also, ich ähm, ja aber, hä? Also …«, machte ich meinen Standpunkt deutlich.

Doch dieses Argument wollte die Verwalterin nicht gelten lassen. Dankenswerterweise half sie mir auf die Sprünge:

»Herr Leukert, wo befindet sich denn Ihr Balkon?«
»Äh, außen?«
»Ganz genau! Und das ist das Problem!«

Jetzt weiß ich nicht, wie andere das sehen, aber ich persönlich finde es gut, wenn ein Balkon außen ist. Die Leute, die ich kenne, die den Balkon innen haben, sind damit nicht glücklich geworden.

»Aber wir haben doch beim letzten Mal besprochen: Ich darf eine Markise anbringen.« »Wir haben darüber vielleicht gesprochen, aber es ist zu keiner finalen Beschlussfassung gekommen.« »Wenn wir abstimmen, darf ich die Markise anbringen?« »Ja, aber nicht mit diesen Bommeln dran.« »Nicht mit diesen Bommeln?«

Darauf die Verwalterin: »Wir haben nachgemessen, Ihre Bommelkordel-Länge überbommelt die ortsübliche Bommelkordel-Länge um 3,5 Zentimeter!« Mein Eindruck war: Der Verwalterin fehlt einfach etwas Zuwendung, Zuneigung in ihrem Leben. Ich wollte selbstlos etwas dagegen tun, aber sie hat nur gezickt: »Was fällt Ihnen ein?« »Wieso, Brüste sind außen, ist Gemeinschaftseigentum.«

Schreiben ist Silber, Reden ist Gold

Die Stimme des Westens:
Skandalöses Ungleichgewicht!

von unserem Kolumnisten Harald Enger

Zugegeben: Ex-DDRler haben uns bereichert durch ihren am Sozialismus geschulten Hang zum Gemeinsinn. Oder wie es Ludger W. (61) aus Wilmersdorf ausdrückt: »Ostbräute sind heißer und williger!« Aber was hat uns die Einheit sonst gebracht? Den Rechtsabbieger-Pfeil, Karsten Speck und das Sandmännchen! Dagegen wurde das West-Sandmännchen schnöde abgewickelt! Sicher, man hat uns versprochen, das Ost-Sandmännchen würde sich schon noch gesamtdeutsch entwickeln, bald in einer Westjeans mit einem Segway zu Techno-Klängen auf einem HighEnd-Pleasure-Vergnügungspark erscheinen! Doch über zwei Jahrzehnte nach dem Fall der Mauer trägt es immer noch einen Walter-Ulbricht-Kinnbart und taucht mit den abstrusesten Fahrzeugen im Vorabendprogramm auf – etwa im U-Boot! Eine ungeheuerliche Provokation! Können sich doch – Soli sei Dank – die wenigsten von uns noch ein eigenes U-Boot leisten! Mehr noch: Legt ein Unterseeboot nicht subversive Tätigkeiten nahe? Hat mal jemand beim Bundesbeauftragten die Stasiunterlagen des Sandmännchens angefordert? Niemand! Hier will man uns Sand in die Augen streuen! Ich fordere die sofortige Wiedereinführung des freiheitlichen West-Sandmännchens! Es trägt einen

Vollbart, was nicht nur der aktuellen Mode entspricht, sondern auch unseren muslimischen Mitbürgern entgegenkommt, die sandmännchenmäßig seit Jahren außen vor gelassen werden! Das West-Sandmännchen muss immer und ausschließlich im Helikopter einfliegen – und so gehobene Unterhaltung garantieren! Sonst heißt es ganz schnell: Innere Einheit? Gute Nacht!

Ziemlich beste Freunde, die Grande Nation und die kruden Phrasenschweine

Eine Zeitung schrieb mal über einen Kollegen: »Er schafft es, die Sehnsucht des Publikums nach einer gelungenen Pointe bereits nach 10 Minuten ins Unermessliche anschwellen zu lassen.« So gemein sind Journalisten manchmal, so originell aber selten. Würden wir die Maßstäbe, die in Sachen Originalität an die Künstler gestellt werden, auch an die Zeilenschinder von ›FAZ‹ oder ›WAZ‹ anlegen, wo kämen wir da hin? Vermutlich nicht in die Insolvenz wie die ›Frankfurter Rundschau‹ oder die ›FTD‹. Die überwiegende Mehrheit der Deutschen klagt über regelmäßige Kreislaufprobleme. Könnte die Müdigkeit nicht auch auf die morgendliche Zeitungslektüre zurückzuführen sein? Ich halte das für wahrscheinlich. Wer nach dem Aufstehen arglos deutsche Presse konsumiert, läuft Gefahr, schon um acht ins Elf-Uhr-Loch zu fallen. Allein die Überschriften rufen republikweites Gähnen hervor.

Als der Film ›Ziemlich beste Freunde‹ herauskam, stürzten sich die Redakteure mit einer gefräßigen Einfalt auf diesen Titel wie katalanische Köter auf einen längst abgenagten Knochen. Und zwar mit einem Gestus der Bedeutsamkeit, als hätten sie gerade die Weltformel gefunden. Noch Monate nach der Filmpremiere (allein zwölf Mal innerhalb von zwei Wochen) mussten unschuldige Leser, die nichts verbrochen hatten, inflationär »beste Freunde« ertragen! Natürlich in allen naheliegenden und vorhersehbaren Variationen. Eine kleine Auswahl. Wirklich eine kleine Auswahl. Die ziemlich beste kleine Auswahl allerdings:

>»Ziemlich beste Freundinnen«, ›Der Spiegel‹ über Tennisspielerinnen
>»Merkel in China: Ziemlich beste Freundin«, ›FAZ‹
>»FC Bayern und der BVB: Ziemlich beste Feinde«, ›AZ München‹
>»Ziemlich beste Feinde«, ›Cicero‹ über die FDP
>»Ziemlich beste Feinde«, ›Der Spiegel‹ über Merkel und einen Minister
>»Ziemlich beste Feinde«, ›Der Freitag‹ über das Attentat von Toulouse
>»911 Cabrio vs. Boxster – ziemlich beste Feinde«, ›Focus‹
>»Ziemlich beste Freunde«, ›Bild‹ zum Elysee-Vertrag

Und so weiter und so fort. Solche Wiederholungen haben etwas Einlullendes, sie wirken direkt auf das Schlafzentrum im Gehirn. Da darf man sich über Geisterfahrer nicht wundern. Eine Zeitung schaffte es sogar, gleich zwei abgegriffene Phrasen in eine Überschrift zu packen: »Merkozy – ziemlich beste Freunde«. Überhaupt. Diese Unsitte, Namen in einem Wort zusammenzufassen! Brangelina, Merkollande … Merkel und Hollande: Da kann man nur froh sein, dass die Sozialisten in Frankreich regieren und nicht der Konservative François Fillon. Sonst hieße es: »Ziemlich beste Freunde: Ferkel«.

Frankreich scheint unsere Schreibkräfte ohnehin besonders zu inspirieren. Was heißt Frankreich? Pardon, natürlich die Grande Nation – die Mutter der abgegriffenen Synonyme. Seit hundert Jahren scheint es das Einzige zu sein, was deutschen Journalisten zu den westlichen Nachbarn (unverbindlicher Alternativvorschlag) einfällt. Die Bezeichnungen im Einzelnen aufzuzählen würde den Rahmen dieses Druckerzeugnisses sprengen. Warum? Niemand sagt in Frankreich Grande Nation. Insofern ist der ironische Unterton, der Grande Nation stets begleitet, überflüssig. Trotzdem findet sich Häuptling Übelfeder immer wieder großartig, wenn er die Phrase hochdosiert aus seiner Tastatur herausquetscht.

Aus dem Mund des Sportjournalisten (bei Sport1) hört es sich so an: »...die Grang Nassiong...«. La Grande Nation – eine weibliche Endung wäre schon schön. Aber es reicht einfach nicht, Fehler zu machen. Nein, man muss auch noch richtig doof rüberkommen. ›Focus‹ schafft es, sogar falsch zu drucken: »Frankreich ist am Boden. Doch wie geht die Grand Nation selbst mit den schlechten Nachrichten um?« ›Focus‹-Redakteure ... Das kommt davon, wenn man die Zweitsprache in der Sonderschule abwählen kann.

Hier ein paar Vorschläge für aufrichtige Synonymsucher, die es in den Redaktionsstuben in Bogenhausen oder an der Alster sicher auch noch gibt: Gallien, die Gallier, die Welschen, L'Octogone (so bezeichnen die Franzosen selber ihr Land, da es auf der Karte eine achteckige Form aufweist), das Land zwischen Atlantik und Vogesen, das Land zwischen Rhein und Rhone. Bei sportlichen Ereignissen: les bleus, die

Blauen, l'equipe, l'equipe tricolore, Froschfresser-Country (ein Vorschlag aus England), der Erbfeind (ein Vorschlag vom Verband der Weltkriegsveteranen), das Frankenreich, la France, der gallische Hahn, Gänsestopfleberland – vieles ist möglich! Unter Umständen sogar: Frankreich. Könnt ihr haben, die Vorschläge! Geschenkt. Aber bitte nie wieder »grang nassiong«! Sonst komme ich vorbei und füttere die verantwortlichen Redakteure stundenlang mit Gänsestopf-leberpastete aus der Bourgogne. Und zwar mit Hilfe einer Trichter-Vorrichtung zum Gänsestopfen.

Manche Worte machen aber auch eine merkwürdige Karriere – häufig in bester Gesellschaft. Seit Sarrazin ist »krude« besonders verbreitet. Mit »roh« erklärt mir der Duden diese Buchstabenfolge. Jetzt muss man mit Thilo dem Starrköpfigen nicht einer Meinung sein, doch belegt er seine »kruden Thesen« eigentlich ganz gut mit Statistiken und Untersuchungen. Vielleicht wäre »einseitig« oder »feh-lerhaft« angemessen, in Teilen faschistoid, doch »krude«? Das erscheint etwas dümmlich. Aber ich will Claudia Roth jetzt auch nicht in ihre Arbeit reinreden.

Mit der Not wächst das Rettende auch (Hölderlin) und der gerade gescholtene Sportsender bietet eine großartige Lösung an. Jeden Sonntag um 10 Uhr 30 läuft die Krom-bacher-Runde, der Kia Doppelpass, die jetzt VW-Runde oder sonst wie heißt. Dort wird über Fußball gefachsim-pelt. Dort sitzen Geistesgrößen wie Thomas Strunz oder Mario Basler. Also Strunzler. Die dürfen allen möglichen Unsinn von sich geben, aber keine abgestandenen Begriffe oder Sätze, die wir schon tausendmal gehört haben! Sonst gibt es einen Tusch und sie müssen 5 Euro oder mehr in das sogenannte Phrasenschwein zahlen. Das Phrasenschwein. Die wohltätigste Erfindung seit der Gründung des Roten Kreuzes. Sagt einer »Das Spiel dauert 90 Minuten«, oder gar »Grang Nassion« …

Stellen wir dieses Schwein überall auf! In Firmen, in Redaktionen, im Bundestag! Schafft ein, zwei, viele Schweine! Auf denen steht in großen Lettern: »Phrasen nicht betreten!« Ich bin sicher: Auf die Weise wird die Republik binnen kürzester Zeit entschuldet und der Rest geht für die Bildung drauf!

Landflucht: Frauen machen rüber –
Ossis allein zu Haus?

von unserem Auslandskorrespondenten
in Brandenburg Hajo Kurtz

»Quatsch, was sie über uns hier in Brandenburg erzählen!«, sagt Maik M. aus Kobritz, »eine glatte Lüge« sei die Behauptung, es gäbe im Ort keine Frauen mehr. »Gerade letztes Jahr habe ich eine Frau gesehen. Allerdings haben sie dieses Reklameplakat dann nach zwei Wochen wieder abgehängt.« Ein paar wären schon in den Westen gegangen, gibt Maik nach einigem Zögern zu. Er nimmt es ihnen nicht übel. »Mit Paderborn können wir einfach nicht mithalten!« Dabei bietet die an der Ausfallstraße gelegene Gaststätte The lonli Star auch einiges an Vergnügungen, etwa einen Bierausschank oder einen Beistelltisch, für den Fall, dass Gäste kommen. Leider ist The lonli Star am 3. Oktober wegen des Feiertags geschlossen. Maik stört das nicht. »Wir haben hier immer eine super Kommunikation, es ist alles viel persönlicher als in der Großstadt.« Erst gestern hätte er ein anregendes Gespräch mit seiner neuen Wohnzimmerlampe geführt, um dann noch einen Plausch mit dem Toaster zu halten. »Anschließend habe ich beide miteinander bekannt gemacht.« Auch den Tag der Einheit wollen die drei gemeinsam verbringen. »Das wird eine Sause! Da wäre sogar Charlie Sheen neidisch!«, sagt Maik mit einem Augenzwinkern. Und er will die Hits der Wiedervereinigung hören – seine Lieblingssongs: Von ›Wind of change‹ bis ›Looking for freedom‹. Vielleicht kommt sogar die Großmutter aus Lönau vorbei: »Von wegen, es gibt hier keine Frauen mehr!«

Aus dem Tagebuch eines notorischen Foristen

20.1.

Heute Zeitung Die Welt kommentiert. Gut! Finde super, das der Autor in dem Artikel über Harz 4 und Beschwerden bei Sozialgerichten die Mondlandung nicht erwehnt. Das ist nur schluessig! Denn die Mondlandung hat ja nie stadtgefunden!

21.1

»Was der Focus wider behauptet hie r ist so ein Schwachsinn!! Vitamine in Tablettenform sollen ohne Wirkung sein? Grösseren Unsinn habe ich nie gelesen! Seit Jahren wird mal wieder todgeschwiegen! Auch hier im Forum wird sich aufgeregt. Zinkmangel ist DIE Ursache für das Versagen der Eliten. UNd auch in der Gesellschaft überhaupt. Dabei könnte Zink die Sexualkraft für ALLE verbessern. Da stecken wieder interesseierte Kreise dahinter. Seit Jahren steuern aber andere dagegen. Mit versteckten Botschaften weil zu gefehrlich. Bsp. Rod Stewart singt schon in den 70ern »Do you Zink Im sexy. (Halloo merkt ihr nichts??)«

Heute

Ärger mit meiner Freundin. Marie will es erst total wissen. Lächelt mich süffisant an, ist nett und bringt mir sogar Kaffe, um dann am Ende zu sagen: »Wir haben Schichtwechsel. Macht 12 Euro für die 4 Capucino«. Wolln immer nur Geld die Weiber!

~~22.1.~~ 23.1.

»Wie Leute diskriminirt werden! Auch hier auf taz.de Kurt Sch. ist DER Ökonom und Finanzwissenschaftler, der Ahnung hat und die Lösung für Die Probleme mit der EU und NSA, GEZ usw. bereithält. Aber jetzt wird er nicht mehr gehört! Bloß weil Prof. Dr. Dr. phil. Schuricht einmal beim Nacktrodeln in Altenberg mitgemacht hat! und jetzt ist er nur noch der »Sachsen-Pimmel«. Nazis!«

24.1.

Für den »Spiegel«: »CHem-Trails! Überall! Der ganze Himmel ist voll damit! Wetterdienst nennt es «geschlossene Wolkendecke«. Lächerlich!! Da kannst du wieder mal sehen. Du siehst nichstAber die blicken(!) es nicht! Wie deutlich muss es denn noch werden?«

25.1.

Mutti ist sauer. Ich hätte mich nicht angemesen gekleidet bei der Beerdigung von Schwieger-Vater. Man! Kam direkt vom Job! Wie oft soll ich das noch sagen. Hatte keine Zeit das Ronald MacDonald Kostüm auszuziehen!

26.1.

Forist Nullinger13 nervt wieder auf cicero.de »wie weit ist das e vom ä entfernt auf der Tastatur, dass du »erwähnt« mit e schreibst? Und Interpunktion ist wohl ein Fremdwort für dich!«

Idiot! Interpunktion ist ein Fremdwort,! In Deutschland

wird Deutsch gesprochen, punkt aus! Wenn Bildungsbürger aus Annatolien das nicht kapieren wollen dann sollen sie gehen! Das ist meine fanz klahre und persönliche Meinung!

27.1.

Marie ist sauer auf mich. Überlege mich, von ihr zu trennen.

Ich gebe ein Zeichen des Vertrauens! Ich will unsere Beziehung auf eine höhere Stufe bringen! Sie beschwert sich nur, das ich ihr die Ergebnisse meiner jehrlichen Vorsorgeuntersuchung beim Urologen auf die Seite vom Cafe wo sie arbeitet gepostet habe. Mein Gedicht dazu »Doppelstrahl oder Doppelmoral« ignoriert sie. Schon mein Poem von letzten MOnat »Harter Stuhl, weiches Herz« hat sie nicht verstanden.

28.1.

Al_Taeglich meinte ich habe Iran und Irak verwechselt. Soll nicht so kleinlich sein-Araber sindAraber, es kommt auf das Ganze an. »Deine Geographie-Kenntnisse lassen aber zu wünschen übrig« Was soll das jetzt? Wer brauht das überhaupt? Winkelberechnung und so ein Kram hatte ich schon in der Schule kein Interesse für.

29.1.

»Linsey Lohan ist verhaftet worden. Und in CHina fällt ein Sack Reis um. lol!«

SternhagelvollPfosten wanzt sich gleich 5 Min. später an meinen Kommentar über LinseyLohan in Bild.de ran

»So was muss man einfach ignorieren. Karl Kraus sagt

»Mein Privatleben geht mich nichts an!« Ich: »Was soll jetzt Karl Kraus hier? Wer ist der überhaupt? Seit der in SixfeetUnder war hat der doch nichts mehr gebracht! Du Looser, das ist so armseelig hier.« Dazu fiel ihm dann nichts mehr ein! Extreme Lol!

30.1

Marie sagt, ich soll nicht spontan nachts bei ihr auftauchn und woher ich ihre Adresse hätte. Mann! Die Leute sind so heute so voellig unfähig für Nähe!

Die Sueddeutsche hat mich heute gelöscht! »Verzichten Sie auf Unterstellungen und Beleidigungen bleiben Sie sachlich«

Weil ich Nullinger13 als miese kleine Dummratte die nur scghmarotzen will bezeichnet habe. IOn dem Artikel ging es um Tiere in der Grossstadt Mann! Wenn ich ihn als Pissnelke bezeichne ok Habe ich aber nicht! Was verstehen die denn von sachlich diese Kackfressen!!!

31.1.

Für Spiegel.de

»Das ist doch ein Fass ohne Ende mit den Rohstoffen und den Schulden. ein Kreislauf ohne Boden!

Wenn einer Öl produziert und es gibt die Tankstelle dazu noch nicht, dann ist es hirnrisig von Globalisierung zu sprechen, denn das ist ein Kreislauf ohne Boden, wenn der Tankwart den Löffel abgibt, was dann? Ich habe es doch bei meiner Oma gesehen, als die mal tanken wollte, da war niemand, der gesagt hat Super. Kochen können viele aber

zu viele die Feuer ins Öl gießen verderben eben den Bertel!
Da sind dann wieder Billionen wenn nicht Milliarden Ar-
beitsplätze in aller Welt gefärdet! (Da hat Nullinger sein
ä!)«

Vorstellungsgespräch bei Karstadt. Mein »KLeidungsstil«
passt ihm nicht. Spießer der Personaler! Was haben die Leute alle nur gegen Ronald MacDonald? Er ist ein geknech-
tere Sklave eines Multinationelen Konzerns! Free Ronald!
OMG!

1.2.

Nullinger13 postet auf sueddeutsche.de »Du hast echt morgens um 10.31 Zeit, Artikel zu kommentieren ... Was bist
du für ein Typ? Du lebst doch bestimmt vom Taschengeld
deiner Mutter und wohnst auch noch bei derselben!«

Meine Antwort: »Nullinger macht seinem Namn wieder
alle Ehre! DU bist doch die Null! Nur Beleidigen kannst
du,! Bei meiner Mutter ... So ein Scheiss.« Außerdem woher weißt du das? Jemand hat meine Ergebnisse veröffent-
licht. Auf (medizin.com) ist ein Screen meiner Harnröhre
gelandet! Was ich mir immer gedacht habe: Ich werde über-
wacht! Muss jetzt los zum Abschnitt 42, wegen der eins-
weiligen Verfügung vom Cafe. Faschismus total!

Schwarz ist das neue Bunt

In den 80er und 90er Jahren waren alle in Therapie. Therapie gehörte einfach zum guten Ton. Wer nicht Patient war, wurde schief angesehen. Ohne in Therapie zu sein, durfte man sich eigentlich nirgendwo blicken lassen. »Was? Du bist in keinem Selbsthilfekurs, du bist nicht krank? Mit dir stimmt doch was nicht!«

Die gesellschaftliche Stigmatisierung konnte so weit gehen, dass die Nicht-Therapierten sich ganz schön unwohl fühlten, psychische Probleme bekamen und in Therapie gehen mussten. Besser, man schloss sich rechtzeitig einem Gesprächskreis an. Am Pinnbrett des sozio-kulturellen Zentrums wurden Fragen gestellt, die deutlich machten, welche Seminare man zu besuchen hat.

Ist Zwanglosigkeit heute ein Muss?
Was sagt mein Gesicht über mein Äußeres aus?
Wie erwerbe ich einen Lebensberechtigungsschein?
Gibt es überhaupt noch glückliche Menschen?

Kann mich gut erinnern. Über dem Schild des letztgenannten Kurses stand handschriftlich: »Muss leider wegen Teilnehmermangel ausfallen«. Da hatte sich wohl ein Anarchist einen Streich erlaubt, denn natürlich fand der Kurs statt! Besonders beliebt waren Familien-Aufstellungen mit systemischem Ansatz. Das heißt, die Teilnehmer wurden nicht isoliert betrachtet, sondern in ihrem jeweiligen sozialen Kontext. Manchmal liefen Aufstellungen schief, dann hatte man das unbedingt zu korrigieren. Am besten durch eine erneute Aufstellung. Ich habe den Ausstieg geschafft! Meine letzte Aufstellung war ultimativ wirksam, ich musste danach nie wieder ein Seminar besuchen. Das war das Thema: Wie sich heraus stellte, habe ich meine kleine Schwester früher immer links liegen gelassen. Nur einmal ließ ich sie nicht links liegen, sondern stand ihr gegenüber. Dann schubste ich sie die Treppe runter. Das stellte aber keine Schwierigkeit dar; ich war völlig unschuldig. Wenn ich den Ansatz richtig verstanden habe, mussten wir uns einfach immer nur entschuldigen. Schon war die Sache geritzt. Und den Vorfall mit der Treppe habe ich meiner Schwester längst verziehen.

Krank war ich ja ohnehin nicht! Woher denn? Ich hatte nicht mal »Probleme«. Ein Problem hatte allenfalls, wer »Problem« sagte. »Thema« war das passende Wort! Kam beispielsweise heraus, dass Manuela immer an Männer gerät, die schnarchen, und ihr Vater (Halloooo!) auch schon geschnarcht hat, sagte die Therapeutin: »Ich glaube, du hast da ein Thema.« Das haben wir mitgebracht vom Therapietrip: Die psychisch korrekte Sprache. Sie ist eingedrungen in die Gesellschaft und hat sich ausgebreitet wie überkochender Babybrei auf dem heißen Herd. Heute müssen alle wie einfühlsame Seelenpfleger reden. Wenn nicht, haben wir dann vielleicht ein Thema? »Aktion Sorgenkind«? Das war einmal! Sorgenkind ... Also wirklich. Ein Wort aus der erzieherischen Steinzeit, aus dem Pädagogozän!! »Aktion Mensch« heißt es in der schönen neuen Welt! Aus verhaltensgestört wurde verhaltensauffällig. Doch auch das gilt inzwischen als überholt, weil herabsetzend. Bei der letzten Säuberungsaktion haben uns die Tugend-Taliban deswegen verhaltensoriginell verordnet. Ich sauge mir das hier nicht aus den Fingern. Die offizielle Sprachregelung für abartiges Verhalten in Schulen und Anstalten lautet tatsächlich verhaltensoriginell. Noch mal zum Mitschreiben: verhaltensoriginell!

Und jetzt möchte ich über Hautfarben sprechen. Heikel! Ich weiß, denn ich kann Gedanken lesen. Tatsächlich. Ich besitze diese Fähigkeit. Ich will mal die Gedanken meines eigenen Gehirns erraten! Ich denke: Mit dem Thema bewegst du dich aber auf dünnem Eis! Auf sooo dünnem Eis bewegst du dich! Genau das denke ich. Vorweg eine Klarstellung: Ich finde es gut, wenn Menschen sich Mühe geben, andere Menschen nicht zu beleidigen. Bestimmte Ausdrücke wie das N-Wort sind zu Recht aus dem Sprachgebrauch der Anständigen verschwunden und aus den Kinderbüchern verbannt worden.

Die Frage ist nur. Wo hört die Vorsicht auf. Und wo fängt der Realitätsverlust an? Die Kommentatoren haben sich schwer gewunden, als Barack Hussein Obama als Präsident wiedergewählt wurde. Was für ein Glasscherbentanz wurde aufgeführt, denn überall lauerten spitze Sprach-Hindernisse und Wort-Fallen. Die Worte Farbiger oder gar Mischling waren ja so was von tabu. Am Ende hieß es allerorten: »der erste schwarze Präsident der Vereinigten Staaten«. Und das. Obwohl der Mann aus Hawaii zur Hälfte »weiß« ist. Der Ur-Ur-Ur-Ur-Ur-Ur-Großvater Obamas kam aus Beutelsbach in Württemberg, wanderte 1750 nach Pennsylvania aus. Andere Vorfahren mütterlicherseits stammen aus Irland und waren vermutlich noch blasser als der Schwabe Wölfling, der sich in den Vereinigten Staaten in Wolfley umbenannte. Ist das nicht diskriminierend gegenüber dem schwarzen Schwaben-Iren?

Impliziert man nicht gerade durch die Nichtnennung der einen und durch die Betonung der anderen Seite der Medaille, Weiß sei normaler als Schwarz? O.k., Mischling klingt nach Hund, muss nicht sein. Aber was um alles in der Welt spricht gegen Farbiger? Sind jetzt alle Farben Grau? Ist Schwarz das neue Bunt? Oder das neue Weiß? Oder wie oder was? Und für welche Bereiche gilt dieses Neu-Sprech? Der Axtmörder soll originell sein und mein Kanarienvogel ein Schwarzer?! Damit komme ich nicht klar. Ich glaube, ich habe da echt ein Thema. Mal ganz abgesehen davon, dass ich nachts schnarche.

P.S. Vorschlag zur Güte.

Vielleicht stellt Braun eine Alternative dar. Das käme der Wahrheit auf jeden Fall näher. Außerdem würden wir zwei Fliegen mit einer Klappe schlagen. Wir könnten den Nazis diese angenehme Farbe entwenden und sie in einen positiven, multiethnischen Kontext stellen.

Ein Schild sagt mehr als tausend Worte

Mir gefällt der Spruch, der im ICE hängt: »Baden-Württemberg: Wir können alles. Außer Hochdeutsch.« Das ist selbstherrlich und anmaßend. So muss Tourismus-Werbung sein. Dagegen erschließt sich einem der Slogan, mit dem Berlin momentan wirbt, nicht automatisch: »Sei Berlin!« Hä? Du (wer jetzt genau?) sollst so sein wie Berlin? Mürrisch, laut und knapp bei Kasse? Wie wäre es stattdessen mit einer Anspielung auf Schönefeld: »Wir sind Weltstadt und stolz darauf, trotzdem heben wir nicht ab.«

Doch eigentlich hat Berlin Reklame gar nicht nötig. Die Metropole spricht für sich. Sie besitzt genug Ruinen, um Touristen anzulocken. Hotelbuchungen lügen nicht. Berlin liegt in der Beliebtheitsskala europäischer Großstädte hinter London und Paris inzwischen auf Platz drei, wobei es vor Kurzem Rom überholt hat! Das macht mich als Berliner ein wenig stolz. Als Deutscher erfüllt es mich mit Genugtuung. Wenn wir die Italiener schon nicht im Fußball schlagen, dann wenigstens im Übernachten.

Allerdings bin ich froh, dass die Dreieinhalbmillionenstadt an der Spree bundesweit gesehen keine überdimensionale Bedeutung einnimmt. Andere europäische Hauptstädte spreizen sich ja dermaßen in ihrer Großartigkeit, lassen das übrige Land dagegen winzig erscheinen: London ist der unerbittliche Dreh- und Angelpunkt des Vereinigten Königreiches, in Polen spricht man vom »Wasserkopf Warschau« und Frankreich liegt ohnehin in Paris, nicht etwa umgekehrt. Alles läuft auf diese Städte zu, alles geht von ihnen aus, wirtschaftlich, kulturell, politisch und überhaupt.

Die Bundeshauptstadt dagegen gönnt anderen Städten auch was: Das Bundesverfassungsgericht befindet sich in Karlsruhe, das Bundeskriminalamt in Wiesbaden. Das Deutsche Patent- und Markenamt residiert unter anderem in München und Jena. Das hat alles seinen Sinn. Die Landesväter haben sich etwas dabei gedacht. Warum beispielsweise das Bundesamt für Bevölkerungsschutz und Katastrophenhilfe seinen Sitz in Bonn hat, versteht jeder, der mal in den Einflussbereich enthemmten rheinischen Frohsinns gelangt ist.

Ich war vor ein paar Jahren im Rheinland. Zur Karnevalszeit. Ich habe einen Kulturschock erlebt. Wenn dir der Postbeamte hinterm Service-Tresen mit Hütchen, roter Nase und todernstem Gesicht den Unterschied zwischen Eilbrief und Einschreiben erklärt, wenn dir die vollschlanke Fleischerei-Fachverkäuferin im Lara-Croft-Kostüm ein Mettbrötchen schmiert, wenn sich Akademiker auf dem Marktplatz in Ekstase trommeln, dann denkst du als Norddeutscher: Das sind jetzt aber mal bizarre Rituale. Südsee habe ich doch gar nicht gebucht?! Und die Eingeborenen machen das hier jedes Jahr. Als wäre nichts. Pappmaché ist ein gefährlicher Suchtstoff! Werde nie vergessen, wie sich dieser ältere Typ mit dem Kopfschmuck auf dem dünnen Haar tanzend zum Horst gemacht hat! Aber ich konnte nichts dafür, ich habe mir die Tigerenten-Mütze nicht selbst aufgesetzt!

Erschreckend: Den Einheimischen gelang es nämlich in

kürzester Zeit, mich mit dünnem Bier und guter Laune gefügig zu machen. Ich musste feststellen: So ein zielloses Vergnügen entfaltet eine unheimliche Sogwirkung. Konnte mich dem Trubel beim besten Willen nicht entziehen. Schuld daran ist auch Carmen. Eine rüstige 18-Jährige. Ich kannte sie zuvor gar nicht. Sie hakte sich bei mir einfach unter und nötigte mich, unbekanntes Liedgut anzustimmen: »Dicke Mädchen haben schöne Namen, sie heißen Tosca, Rosa oder Carmen ...« Es liegen Bild- und Tonaufnahmen vor, leugnen wäre zwecklos.

Doch. Ich glaube, an diesem Rosenmontag ist ganz viel passiert in Sachen Völkerverständigung. Preußen wie mir sagt man ja nach, sie hätten das Feiern weder erfunden noch weiterentwickelt. Aber die Ereignisse vom Februar letzten Jahres, die Historiker bald als die Rote-Nasen-Revolution einordnen werden, zeigen: Integration ist möglich. Es braucht dazu nur enthemmtes Schreien, totale Selbstverleugnung und Rausch bis zur Besinnungslosigkeit. Allerdings ist Integration keine Einbahnstraße! Es gehören immer zwei dazu, und die Rheinländer zeigen da ein gewisses Entgegenkommen, eine Weltoffenheit, das muss man ihnen lassen.

Es gibt ein Preußen-Museum. Und dieses Preußen-Museum steht nicht in Berlin, was nun wirklich naheliegen würde, sondern ausgerechnet in Wesel am Niederrhein. Würde sagen, das mit der multikulturellen Gesellschaft läuft besser als gedacht.

Das Museum kennen wohl die wenigsten. Müsste man eigentlich mal darauf hinweisen, am besten an der A 3 eines dieser braunen Sehenswürdigkeits-Hinweisschilder aufstellen: »Wesel – Stadt des Preußen-Museums«. Ich befürworte diese braunen Tafeln ja außerordentlich, ich heiße sie gut! Sie erweitern den Horizont und geben einen Anreiz, das Land bewusst und mit Muße zu durchqueren. Ohne eine entsprechende Beschilderung würden Autofahrer auf der Durchreise nie erfahren, dass es etwa einen Binger Mäuseturm gibt! Was auch immer der Binger Mäuseturm ist oder war: Es gibt ihn, und es scheint echt ein Ding zu sein, sonst würde man ja nicht darauf hinweisen.

Ich bin noch nie ausgestiegen, um mir eine solche beschilderte Sehenswürdigkeit aus der Nähe anzuschauen. Aber die Hinweisschilder an sich stellen ja schon eine Attraktion dar: Die nüchterne braune Farbgebung, die stilisierte grafische Darstellung des Motivs wecken Assoziationen und entfachen die Vorstellungskraft. Das kann auf langen Fahrten ganz abwechslungsreich und anregend sein. Erst neulich auf der Straße nach Süden dachte ich wieder: Du hast schon einiges gesehen in den 29 Jahren deiner Lebenszeit, aber das »Karpfenland Aischgrund« ist dir bisher entgangen. Karpfenland … In meinem Kopf begann es zu rattern. Die Assoziationsmaschine sprang an. Vermutlich gibt es im Karpfenland viele Seen und entsprechend viele Fische. Der Karpfen ist wahrscheinlich ein wichtiger Wirtschaftsfaktor für die Region. Exportieren sie den dicken Schwimmer eventuell auch in ferne Länder? Vielleicht ist Scheich Abdul al Rahman aus Abu Dhabi ein Karpfenfan? Vielleicht braucht er jede Woche sein Karpfenmenü, den Karpfen-Gourmethappen, das Karpfenfilet in der Kokoskruste und als Dessert sogar ein Karpfenparfait?! Unter Umständen kommt er hin und wieder persönlich vorbei, taucht, angelt und sucht sich den Karpfen selber aus, den er für scheichwürdig hält – vorausgesetzt, Karpfen ist Halal, was ich nicht genau weiß. Oder geht es in eine ganz andere Richtung? Verweist das Schild auf alternative Lebensformen? Ist Karpfenland eine Hippie-Kommune, die ein harmonisches Zusammenleben auf Basis der Gewässer-Ökologie anstrebt, eine Art Süßwasserfisch-Utopia? Haben gar die Karpfen selbst dort das Sagen und die Herrschaft übernommen? Mit solchen Überlegungen vergeht eine sechsstündige Fahrt wie im Flug.

Zu meinen Favoriten gehört ganz eindeutig das Schild »Besucherplattform Flughafen München«. Herrlich! Vor Ort kannst du bestimmt eine Menge Flugzeuge sehen und gucken und schauen und träumen und dir klarmachen: Die große weite Welt! Hier kannst du abheben, wegfliegen, weg aus München. Besserwisser könnten einwenden, es wäre doch wohl ein bisschen schwach, auf so eine Banalität hinzuweisen. Aber es ist doch nur nachvollziehbar, wenn eine Stadt auf großen Tafeln verkündet: He! Bei uns ist mehr los, als ihr denkt! Hallo! Es gibt nicht nur Berlin oder Hamburg! Nein, es gibt auch eine Besucherplattform Flughafen München! Andere schaffen es ja nicht mal, einen Flughafen ordentlich zu bauen, geschweige denn eine Besucherplattform.

Ich sage: Noch mehr von diesen Tafeln! Es gibt so viele wichtige Dinge, die wir nicht beachten, ohne die wir aber ganz schön aufgeschmissen wären. Und auf solche Einrichtungen muss verstärkt hingewiesen werden! Deswegen möchte ich bei der Bundesautobahnhinweisschildergenehmigungskommission folgende Vorschläge einreichen: Ampelanlage Neustadt an der Lahn, Kreisverkehr Aalen und Zebrastreifen Münster. Des Weiteren: Asphaltierte B 239 Bünde, Beleuchtetes Parkhaus Nürnberg, Vierspurige Autobahn Oberfranken. Für ein Schild »Vierspurige Autobahn Oberfranken« setze ich mich sogar mit Nachdruck ein. Denn die bereits existierende Tafel »Bierland Oberfranken« an der A 73 ist ja wohl ein Ding der Unmöglichkeit! Die muss dringend ersetzt werden. Werbung für Gerstensaft? An der Autobahn? Wie unverantwortlich! Da hilft auch die Ermahnung »Bei Alkohol – Hände weg vom Steuer!« nicht, die tatsächlich nur wenige Kilometer später auftaucht. Diese ambivalenten Botschaften müssen doch junge, charakterlich noch nicht so gefestigte Verkehrsteilnehmer überfordern.

Hundertfünfzig Kilometer weiter südwestlich geht es zum Glück gesünder zu. An der A 81 erscheint der Hammerhinweis: »Boxberg – Land des Grünkerns« Ich finde, das ist mehr als ein Tipp für Touristen. Das ist eine Stellungnahme, eine starke Aussage, ja eine Warnung: Frankreich hat seine Nuklearwaffen, Amerika seine Luftwaffe, aber Baden-Württemberg hat den GRÜNKERN! Nehmt euch in Acht, im militärischen Ernstfall machen wir vom Dinkel Gebrauch!

Je mehr man nach Süden fährt, desto spannender (und militanter) werden die Schilder übrigens. Vielleicht hängt das mit der allgemein guten wirtschaftlichen Lage zusammen, unter Umständen mit der Bildungssituation und der bekannten Lese- und Rechtschreibkompetenz der Südländer, die uns Berlinern mangels Schulbildung ja leider abgeht. Aber ist jetzt auch wurscht, denn ich will unbedingt zu meiner absoluten Nummer 1 kommen, zum Top Of The Schild, meinem All-Time-Favorite! Und hier ist es:

»Sauschwänzlebahn – strategische Bahnlinie«

Als ich zum ersten Mal an diesem Schild vorbeifuhr, war ich so beeindruckt, ich hatte Mühe, die Spur zu halten. Ich muss wiederholen: »Sauschwänzlebahn – strategische Bahnlinie«

Das hat mich tagelang danach noch geflasht. Zu Recht, denn: »Die Sauschwänzlebahn hatte entscheidende strategische Bedeutung in den Kriegen des 19. und 20. Jahrhunderts«, wie es in einer Stellungnahme der örtlichen Sauschwänzlebahn-Verantwortlichen heißt. Ich male mir aus: Diese Bahnstrecke spielte vermutlich eine wichtige abschreckende Rolle im Kalten Krieg zwischen Ost und West. Wahrscheinlich war sie ausschlaggebend dafür, dass es zwischen den Großmächten nie zu einer bewaffneten Konfrontation gekommen ist: »Leonid, lass uns einmarschieren und den Klassenfeind vernichtend schlagen!« »Erich, bist du verrügd? Isst risskaant. Sie chaben Sauschwänzlebahn!« Die Sauschwänzlebahn hat den 3. Weltkrieg verhindert! Gigantisch!

Leider gibt es in Berlin nur Parkverbotsschilder. Für schöne braune Hinweisschilder fehlt wohl das Geld. Einen kleinen Trost bietet die berühmte Berliner Zettelwirtschaft: »An das blöde Arschloch, das mein Fahrrad geklaut hat: Ich kriege dich!«, heißt es klipp und klar im Innenhof. Am Kurfürstendamm kann man in einer Currywurstbude auch

»scrempelt egg's« essen und ein Bäcker im Wedding bemalt ein Blatt Papier mit Filzer: »Cofee to go zum Mitnehmen«. Wenn ich es recht bedenke, wünsche ich mir für Berlin eine ganz neue Werbekampagne, angelehnt an die baden-württembergische: »Berlin: Wir können alles – auch Provinz!«

Susan und Brad

Die Fox/RTL2-Show Susan und Brad wird thematisch bahnbrechend und emotional aufwühlend. Ein erster Auszug aus dem Pilotfilm für die neue Fernsehserie, die im Milieu der Reichen und Schönen spielt, liegt vor.

Brad: O.k. Susan … Ich … habe dich um dein Erbe betrogen, ich habe dein Haus angezündet und deinen Mann erschossen. Aber das ist doch noch lange kein Grund, dass du jetzt wütend auf mich bist!

Susan: Nein, natürlich nicht, Brad. Es tut mir sehr leid.

Brad: Schon gut, Susan. Lass uns von etwas anderem reden, hörst du?

Susan: Ja. Du hast recht.

Brad: Ja, ich habe verdammt recht. Das habe ich.

Susan: Ähm, Brad?

Brad: Ja, Susan. Was ist?

Susan: Ach, ähm, nichts.

Brad: Oh, Susan. Ich, ähm, ich finde es … sehr … schön, dass du das sagst.

Susan: Oh, ja. Ich … ich musste es sagen. Es war sehr wichtig für mich.

Brad: Ähm, Susan?

Susan: Ja, Brad?

Brad: Ach, ähm, ach nichts.

Susan: Oh, Brad … Ich finde es fantastisch, dass wir einer Meinung sind!

Brad: Ja, Susan. Das ist es. Es ist … fantastisch.

Susan: Hm, noch etwas. Oh, ich weiß gar nicht, ob ich das … sagen kann …

Brad: Du kannst es nicht sagen? Susan, du kannst es. Ich bin sicher. Du musst nur daran glauben!

Susan: O.k. Brad. Ich will's versuchen. Ähm, möchtest du … Vielleicht … Möchtest du … einen Drink?

Brad: Oh, Susan! Du … Du machst mich … sehr, sehr glücklich mit dieser Frage! Ich meine: Ich liebe Drinks. Ja, ich liebe sie!

Susan: Oh, Brad. Ich kann dir gar nicht sagen, wie froh ich bin, dass jetzt alles raus ist.

Brad: Ich danke dir. Ich möchte … Ich möchte dir einfach danken.

Susan: Du bist willkommen.

Brad: Du auch. Du … du auch.

Susan: Möchtest du vielleicht …?

Brad: Was?

Susan: Magst du …

Brad: Bourbon?

Susan: Ja, Bourbon!

Brad: Oh mein Gott, Susan! Ich meine, Bourbon ist … Ich liebe Bourbon! Woher weißt du …?

Susan: Du hast es mir gesagt … Du … du sagtest es mir.

Brad: Ich habe es gesagt?

Susan: Ja, du hast es gesagt.

Brad: Cheers!

Susan: Cheers!

Brad: Ähm, Susan? Entschuldige, aber da ist gar kein Eis drin …

Susan: Oh mein Gott! Oh, wie konnte ich nur? Ich glaube, das war alles zu viel für mich in letzter Zeit … Es tut mir ja so leid!

Brad: Schon gut, Susan. Ich … Ich kann verzeihen, weißt du?

Susan: Das ist großartig von dir. Aber was sollen wir jetzt bloß tun?

Brad: Susan … ich denke … Wir sollten gute Freunde bleiben!

Familienleben

Familienpolitik auf Eis

»Frau erschlägt Mann mit Beil« war kürzlich wieder zu lesen. Sie muss das mit dem Ehegattensplitting falsch verstanden haben. Ist aber auch kompliziert: Das Splittingverfahren bewirkt, dass das zu versteuernde Einkommen zu gleichen Teilen auf beide Ehegatten verteilt wird. Hierdurch wird das Prinzip der Besteuerung nach der Leistungsfähigkeit nicht auf den einzelnen Ehegatten, sondern auf das Ehepaar als Wirtschaftsgemeinschaft angewendet. Alles klar?

Wieso fördert der Staat eigentlich das Zusammenleben? Ist das so erstrebenswert? Heiraten. Untersuchungen zeigen: Nach vierzehn Jahren Ehe reden Paare pro Tag noch durchschnittlich fünf Minuten miteinander. Einige werden jetzt denken: Stimmt gar nicht, wir sind auch verheiratet, und bei uns war das schon nach drei Jahren so.

Hand aufs Herz: Wie viele Paare heiraten romantisch, haben aber im Hinterkopf die Steuererleichterung? Jeder kennt Paare, die so ganz zufällig noch kurz vor Silvester heiraten. Ehe es zu spät ist. Um das vergangene Jahr noch entsprechend abrechnen zu können? Nein, natürlich weil es so eine schöne Jahreszeit ist, und das Wetter so eindeutig. Man kann schön draußen sitzen. Silvesterknaller in der Hochzeitstorte. »Ich mag die Wärme gar nicht so und die

Sonne. Soll ja ungesund sein. Von wegen Hautpigmente. Nee, lieber bei minus 10 Grad im Garten feiern. Verstehste: Hochzeit ganz in Weiß.«

Ich war verheiratet. »Ich will aber nicht, dass du mich aus Steuergründen heiratest.« »Nein! Ich heirate dich doch, weil ich einfach mit dir zusammen sein will. Zusammen veranlagt!« Natürlich haben wir geheiratet, weil wir uns das Leben zusammen vorstellen konnten, aber diese andere Sache, dieses Finanzielle spielte immer so unangenehm mit rein. Musste des Öfteren denken: Der Staat soll sich aus meinem Privatleben raushalten!

Wundervolle Verhältnisse. Ich hatte die Dame meines Herzens gerade endgültig überzeugt, doch auf der Hochzeit sangen meine Kumpels im Chor: »Wir gratulieren! Jetzt seid ihr auch dabei! Wir gratulieren zur Steuerklasse 3!« Die Ehe hat drei Jahre gehalten. Wir sind immer noch gute Freunde. Unproduktiv war diese Liaison trotzdem.

Ich finde, es sollte erst Staatsknete geben, wenn Kinder kommen. Darüber hinaus muss Nachwuchs-Verweigerung geahndet werden. Und die Strafen müssen abschreckende Wirkung ausüben: »Wer sich des Vergehens des wiederholten Heiratens in Tateinheit mit notorischer Kinderlosigkeit schuldig macht, wird verurteilt zu einer lebenslänglichen sozialen Tätigkeit als Kinderclown in einer Hüpfburg.«

Da ist was faul im Staate Bundesrepublik. Wenn ich auf den Litfaßsäulen die Kondomwerbung sehe »Mach's mit« und Sprüche wie »Karneval ist nicht ohne …«, denke ich immer: Angesichts des Geburtenrückgangs müsste der

Staat ganz andere Slogans ausgeben. Vorschläge: »Will er keine und du doch, mach ins Verhüterli ein Loch!« oder »Machst du's ohne wie ein Stricher, sind die Renten wieder sicher!«

Landesväter

Ja, wir haben in unserem Land eine schwache Geburtenrate – im Gegensatz zu Frankreich oder Skandinavien. Dabei ist der Wohlstand in den genannten Ländern vergleichbar. Ein Blick auf andere geburtenschwache Staaten in Europa kann weiterhelfen, zumindest einen Teil des Rätsels zu lösen: Portugal, Spanien, Griechenland, Italien, Österreich, Deutschland sowie die meisten Länder des ehemaligen Ostblocks. Was haben diese Länder noch gemeinsam? Genau: Ausführliche Erfahrung mit Diktaturen. Das wirkt nach, könnte ich mir vorstellen.

Potenzielle Eltern sagen sich vielleicht unbewusst: Wir wollen dem Führer kein Kind schenken. Kinder und Jugendliche wurden in totalitären Systemen ja oft als Kanonenfutter missbraucht. Unter Umständen spielt auch das *ius primae noctis* eine Rolle, das »Recht der ersten Nacht«. Früher durfte der Landesfürst alles poppen, was im heiratsfähigen Alter war. Ein Brauch, der sich in Italien bis heute gehalten hat. Berlusconi ist peinlich. Aber vermutlich wird er in ein paar Jahren wieder als großer Staatsmann gelten. Das läuft meistens so. Die Verbrechen rabiater Landesväter fallen schnell dem Vergessen anheim.

Nehmen wir mal den »Vater Europas«. Wer gilt als der »Vater Europas«? Genau. Karl, der sogenannte Große. König der Franken. Um 800 herum umschloss sein Reich das Gebiet des heutigen Frankreich und Deutschland zusammen. In der Neuzeit verbrreiten die Frranken Furrcht und Schrrecken nur mit ihrem brrutalen Dialekt, damals galten aber auch Mord und Totschlag als allgemein akzeptierte Formen der Kommunikation. Karl hat den Germanen im Norden das Christentum eingebläut – mit Feuer und Schwert. Er war ein Arschloch, um es vorsichtig auszudrücken. Und heute? Heute gibt es den »Internationalen Karlspreis«, der an Menschen verliehen wird, die sich mutmaßlich um den Kontinent Europa verdient gemacht haben. Aachen ehrt den großen Führer zusätzlich mit einem »Karlsbrot«.

Bäcker scheinen überhaupt ein entspanntes Verhältnis zu Schurken zu haben. Napoleon hat Hunderttausende auf dem Gewissen, doch heute verkauft der Konditor locker eine »Napoleon-Schnitte«. Nehmen wir die Wikinger. Die haben ganze Städte ausgemerzt, dabei vor Zivilisten nicht Halt gemacht. Das war die SS des frühen Mittelalters! In unseren Tagen erscheint der süße Wiki im Fernsehen, bei Nordsee bekomme ich eine Wikinger-Semmel.

Stellt sich die Frage: Wie lange dauert es eigentlich, bis man vom Massenmörder zum Brötchen wird? Hundert, tausend oder nur fünf Jahre? Vielleicht gehen wir demnächst zum Bäcker und geben unsere Bestellung folgendermaßen auf: »Ja, hallo! Ich hätte gerne eine Stalinstange, vier Pol-Pot-Brötchen und für die Kinder zwei Gaddafi-Schnecken!« Darauf sagt der Bäcker: »Alles? Wir hätten nämlich im Angebot leckere Goebbels-Krapfen!«

Kleine Geschenke erhalten die Verwandtschaft

In einer Welt des kalten Kalküls und des Machbaren bedeutet das Leben mit Kindern das letzte große Abenteuer der zivilisierten Menschheit – trotz Ultraschall, Elterngeld und dem Standardwerk ›Powernanny – das Beste für Ihr Baby!‹. In der Ungewissheit sehen werdende Eltern meist die größte Herausforderung – noch vor der Unsicherheit: Wie verläuft die Schwangerschaft? Werden wir überhaupt mit der neuen Lebenssituation klarkommen? Hat Aldi Nord in neun Monaten wieder die Rasseln aus Holz im Angebot?

Gesichert scheint nur zu sein, dass die Mutter bei der Niederkunft Sorgen und Schmerzen erleiden muss. Denn mit der Geburt werden Verwandte zu Besuch kommen. Und es ist völlig unklar, wann sie wieder fahren. Aber keine Panik! Verwandte erwarten gerade in der ersten Zeit nicht allzu viel von den gestressten jungen Eltern. Während der Entbindung genügt es vollkommen, wenn die werdende Mutter ab und zu ein paar Schnittchen rausreicht. Den Vater wird man in dieser angespannten Situation ohnehin nicht überfordern: Jeder weiß, wie anstrengend und schmerzhaft die Geburt für ihn ist.

Doch Verwandte, die sich ihrer Verantwortung bewusst sind, unterstützen Wöchner und Wöchnerin nach Kräften, machen sich im trauten Heim nützlich, schaffen eine Atmosphäre der Geborgenheit und geben vor allem ihr fundiertes Wissen an die kommende Generation weiter. Die Großmutter meines Sohnes etwa stand ihrer Tochter mit Rat und Tat zur Seite. Ich kann mich gut erinnern, wie die beiden die Gelegenheit beim Schopf packten, um ihre Mutter-Tochter-Beziehung neu zu beleben: »Du musst das Köpfchen stützen! Höher! Du musst das Kind seitlicher und höher halten!« »Mama, ich möchte das Anlegen bitte selber machen!« »›Selba machi!‹ Als du klein warst, hast du das auch schon immer gesagt!«. »Mama, bitte!« »Ach, da kommt ja bei mir mehr raus! Ich habe nun mal die Erfahrung, ich weiß doch, wie das geht!«

»Wer ist Ihr Idol, zu wem schauen Sie auf, wem eifern Sie nach?«, fragte Forsa die Menschen in Deutschland vor ein paar Jahren. Mit 35 Prozent unangefochten an die Spitze schaffte es »Meine Mutter«! Da hatte nicht mal Lady Di eine Chance (12,9 Prozent), und sogar Pippi Langstrumpf (6,8 Prozent) sah dagegen alt aus. Einer anderen Umfrage zufolge finden allerdings 58 Prozent der Deutschen den Zusammenhalt in den meisten Familien »eher gering« oder »schwach«.

Das kann kaum verwundern, schließlich erfährt die Individualität des Menschen in unserem Kulturkreis weitaus höhere Wertschätzung als die Einheit der Sippe: »Ich bin gekommen, den Menschen zu entzweien mit seinem Vater und die Tochter mit ihrer Mutter« (Matth. 10,35), sagt der Sohn Gottes in seiner oft recht ungezogenen Art. Ein versöhnlicherer Ausspruch Jesus' kann Eltern aber helfen, in ihrem lebendigen sozialen Umfeld trotzdem tapfer zu bestehen: Wer »Du sollst deine Feinde lieben!« (Matth. 5.6,44) beherzigt, muss auch mit der Verwandtschaft klarkommen.

Eine Portion Pragmatismus erweist sich im Umgang mit

den Angehörigen ebenfalls als sinnvoll. Früher oder später wird nämlich das Haus der Großeltern als Zufluchtsort (umgangssprachlicher Fachbegriff: Babyverwahranstalt) dringend gebraucht! Zahnt der kleine Wonneproppen zum Beispiel, dann geraten auch engagierte Eltern an ihre Grenzen. Wenn das Kind die ganze Nacht schreit, haben einige Eltern Probleme mit dem Durchschlafen. Sie müssen die Erfahrung machen, dass Ohropax nur begrenzt hilft, nämlich bis 75 Dezibel. Und das kann ein geübtes Schreikind locker überbieten! Zwar versuchen viele, ihre marternde Müdigkeit heroisch zu bekämpfen, doch diese Eltern dürfen nicht vergessen, dass Amphetamine und Kokain auf Dauer den Haushaltsbeutel belasten, auch wenn ihnen Tante Hilla immer einen guten Preis macht. Im Sinne einer gesunden Entwicklung des Kindes – wie der gesamten Familie – sollten Vater und Mutter daher lieber die nahe Verwandtschaft konsultieren und mit konzilianten Worten Hilfe in Anspruch nehmen. Vorschlag: »Mama, du hast nun mal die Erfahrung, du weißt doch, wie das geht!«

Zumal selbstlose seelische Zuwendungen positiver und Sinn stiftender auf das Familienleben einwirken können als alle erdenklichen Geschenke materieller Art! Vielleicht mit Ausnahme der beiden Hi-Fi-Lautsprecher von Bose, die mir Onkel Klaus mal überlassen hat. Leider werden Verwandte oft als Geschenke-Onkels, Money-Mutanten oder gar Dukatenscheißer diskriminiert. Unschön sind auch Ausdrücke wie Zahlpate, Osterhase oder Giftshop-Granny.

Sicherlich wäre es weltfremd zu leugnen, dass kleine innerfamiliäre Ausgleichszahlungen willkommen sind, gerade in Zeiten, in denen Vater Staat ein wenig klamm ist. Was konkrete Geschenke anbelangt, gilt die einfache Regel: je alltagstauglicher, desto besser. Doch was tun, wenn es sich nicht um Geldgeschenke handelt? Da müssen Eltern mit Gespür und Taktgefühl vorgehen. Eine Krügerrand-Münze mit 91,66 Prozent Goldanteil und einer ansprechenden Springbock-Prägung nahmen wir zur Taufe unseres Sohnes in seinem Namen dankend an, einfach, um die Gefühle von Onkel Gerhard nicht zu verletzen. Ebenfalls klaglos akzeptierten wir, dass die Oma väterlicherseits zum selben Anlass wieder ihren Sinn fürs Praktische bewies und bei Kaffee und Kuchen verkündete: »Wir haben noch diese Kümmelzäpfchen übrig. Du hattest ja früher auch immer so schlimme Blähungen.«

Über den Edelstahl-Eierschneider freuten wir uns aufrichtig, weil wir ihn gut weiterverschenken konnten. Wie wir mit der Business-Barbie im Hosenanzug und dem »Barbie Glam Car« umgehen sollten, wussten wir zunächst nicht. Vermutlich verbanden Tante Minna und Onkel Frans mit diesem Präsent den Wunsch, dass wir unseren Sohn genderneutral erziehen mögen, also fern von antiquierten Stereotypen der Geschlechter. Die Barbie verschwand zunächst in der Versenkung, tauchte aber auf wundersame Weise immer dann wieder auf, wenn Tante Minna und Onkel Frans zu Besuch kamen. Mein Sohn hat im Übrigen bei diesen Gelegenheiten stets Verwendung für die schlanke Polymer-Puppe gefunden. Einmal sah ich ihn damit einen Nagel in sein Wildwest-Fort schlagen, um eine Kanone zu befestigen, damit sie beim Rückstoß nicht aus der Verankerung gerissen wird. Jungs!

Was schön ist: Seit dem 17. Mai, 3 Uhr 16 wird zurückgeonkelt! Minna und Frans haben eine Tochter bekommen und ich bin fest entschlossen, das Leben der Kleinen von Anfang an aktiv mitzugestalten. Zumal mir als Patenonkel auch religiöse Pflichten und ein Bildungsauftrag zukommen. Da ist es mit einem einmaligen Geschenk natürlich nicht getan. Ich will mich als penetranter Verwandter nachhaltig installieren: Darum darf mein Patenkind bald ein CD-Abonnement ›Die großen Komponisten‹ ihr eigen nennen! Angefangen mit ›Heinrich Schütz – sakrale Harmonien‹ möchte ich regelmäßig Unruhe stiften in einer Familie, die morgens gerne zu Stürmers ›Engel fliegen einsam, du und ich gemeinsam‹ auf Touren kommt. Folge 102 ›Christoph Willibald Gluck – Ritter des Goldenen Sporns‹ sollte zur Folge haben, dass Tante Minna »Mach doch mal das Gedudel leiser« in das vorpubertär unaufgeräumte Kinderzimmer hineinruft. Wer weiß, vielleicht bringt es einer der Alttöner sogar zum Starschnitt über Josephines Bett?! Sieht G.P. Telemann aus Magdeburg mit seinen langen barocken Locken nicht ein bisschen aus wie dieses andere Musikgenie, Tom Kaulitz, Sohn derselben Stadt?! Ich bin zuversichtlich, dass mein Plan aufgeht.

Die Sprungfedern der Ausgelassenheit und das Wunder des Kürbiskuchens

Er rannte und hüpfte auf dem Holzspielplatz herum, gluckste und rief: »Ich bin Batman, yeah!« Sein fünfjähriger Sohn kam kaum hinterher. Dann lief der Vater in unsere Richtung. Ich dachte noch: Er wird doch nicht ... Das ist nur eine Täuschung ... Er will bestimmt jemanden begrüßen, der hinter uns steht. Ich sah mich um, doch da war niemand. Als ich mich wieder umdrehte, hatte sich der Papabär schon vor meinem Sohn und mir aufgebaut: »Wir sehen uns so oft hier. Können doch mal quatschen, dachte ich. Rolfi! Und das ist James!« Er reichte mir eine Patschhand, zeigte mit dem Daumen der anderen auf einen hübschen rotblonden Rabauken mit schokoladeverschmiertem Mund. »Mein Jüngster. Also er ist Einzelkind, insofern ist ›Jüngster‹ Quatsch. Habe noch nicht nachgelegt. Aber einen Jüngeren gibt es nicht, insofern stimmt Jüngster schon, hehe. Und bei euch so?«

Der maronenbraune Pullover zeichnete schwungvoll seine Taille nach, wölbte sich grobgestrickt über die Hüfte und endete gut zwanzig Zentimeter über den Knien. Der Versuch, eine mütterliche Figur nachzuempfinden, war offensichtlich. Rolfis Bauchansatz ließ auf den fünften Monat schließen. »Kommt doch mal vorbei, Mensch! Ham 'ne Dachetage gerade ausgebaut, die Dachschrägen, ich finde das so gemütlich. Kaffee. Kuchen, können wir selber backen mit den Kindern, das wäre doch was. Habe ein prima Rezept mit Kürbis.«

Flo stöhnte. Der Fahrstuhl war kaputt. Bei zwanzig hatte er aufgehört, die Stufen zu zählen. Mehr Zahlen kannte er noch nicht. Die letzten zwei Etagen nahm ich ihn auf den Arm. Meine Fresse, sind die mit fünf schon schwer! Stellen aber immer noch die Ansprüche eines Babys. Als wir oben ankamen, zeigte er sich plötzlich wieder fit und drückte wie ein Irrer auf die Klingel.

»Tachi!«, »Hallo!«, »Hallo du!«, »Hei!«, Rolfi hatte unheimlich viele Grußformeln drauf. »Na?«, »Schalömchen!«, »Tschaui!«, »Namaste!«, »So nice to see you!«, »Salü!«. Ich wartete noch auf – und da kam es auch schon: »Sayonara!« Das heißt zwar »Auf Wiedersehen«, aber wer kann schon Japanisch. »Der James wartet bereits auf dich.« Florian trollte sich ins Kinderzimmer zu seinem Artgenossen. Erstaunlich, wie wenig Anlaufzeit Kinder benötigen. Ein minimaler Konsens genügt, zum Beispiel eine Playstation und Maoams, schon ist die gemeinsame Interessenlage abgesteckt, und es kann losgehen.

Rolfi umarmte mich. Ziemlich lange. Eigentlich ganz schön lange. Ich wusste nicht, wohin mit den Händen. Dann rieb ich mit der linken Hand zur Begrüßung sein rechtes Schulterblatt. Den dicken Wollpullover schien er nie auszuziehen. Ich ertastete eine Naht. Seltsamerweise trug er das selbst gestrickte Dings diesmal verkehrt herum. »Weiß gar nicht, was die Leute immer so mit Flecken haben. Ich dreh das Kleidungsstück einfach auf links, und weg sind sie«, verkündete er stolz.

Wir gingen in die Küche, wo ein stattlicher Kürbis auf seine Verarbeitung wartete. Insgeheim hatte ich gehofft, der

Kuchen sei schon fertig. Aber Rolfi hatte das Kuchenbacken als gemeinschaftliches Vater-Kind-Vater-Kind-Projekt geplant. Außerdem waren in diesem Prozess offenbar spielerische Elemente vorgesehen. Denn gerade als ich noch dachte, wie sehr der Kürbis in Form und Farbe einem Basketball ähnelt, nahm er das Teil auch schon in die Hand und warf es mir gegen die Rippen: »Los, rebound!«

Mit Mühe und Not fing ich das Gewächs auf, wankte und warf es verklemmt zurück. »Defense!«, rief ich verlegen und wusste nicht so recht weiter. Sollten wir jetzt echt mit dem Ding hier ... und riskieren, dass ... »James, Flo! Kommt mal, wir werfen!«, sagte der erstaunliche Mensch. Die Kinder kreischten und wir warfen uns den Kürbis zu. Ich äußerte Bedenken von wegen Lebensmittel und wir wollten den doch noch verzehren und die Zeit und der Ofen und so. »O.k., dann schreien wir halt.« Rolfi war voller Ideen. Das mit dem Schreien fand ich ganz gut, es schien mir in dem Moment zumindest das kleinere Übel zu sein. Geht wenigstens nichts zu Bruch. Ich legte den Kürbis auf die Anrichte und ermahnte meinen Sohn idiotischerweise, nicht so laut zu schreien. »Jetzt sei nicht so, mach mit!«, forderte der andere Vater mich auf. »Das tut so gut!« Wir schrien, was das Zeug hielt. Meinem Sohn war das ein bisschen peinlich. Er hatte mich noch nie so erlebt. Mir war das dann ebenfalls ein bisschen peinlich.

Ich suchte einen Ausweg und schlug vor, dass wir uns verkleiden. »Au ja!,« hüpfte James. Verkleidungstechnisch war Rolfi anscheinend immer in Bereitschaft. Als würde er das täglich machen, schlüpfte der korpulente Mann in eine

Art Karate-Hose und setzte sich einen orangefarbenen Jägermeister-Hut auf. Das Outfit rundete er mit einer Augenklappe ab. Er sah aus wie ein Ninja-Turtle auf dem Weg zu einer Vorlesung über Bergbau. Florian wurde kurzerhand von James eingekleidet. Die beiden sahen aus wie Kinder, die verkleidet sind.

James holte ein Kostüm aus dem Schrank seiner Mutter und zwang mich mit einer monströsen Men-in-Black-Knarre, das lindgrüne Kleid anzuziehen. Es hatte Spitzen am Ärmel, und ich traute mich nicht zuzugeben, dass es mir eigentlich ganz gut gefällt. James holte seinen Schminkkasten. Ich hatte mich einer Bemalung zu unterziehen, die James mit stürmischer Kreativität vortrug. Am Ende stellte er fest: »Dir fehlen Haare.« Wie nicht anders zu erwarten, fand er eine Lösung für dieses Problem. Beherzt griff der kleine Chaot ins Aquarium, holte ein Gestrüpp schmierenden Tangs aus dem Wasser und klatschte es mir auf den Kopf. Das dunkelgrüne Zeug passte hervorragend zum Kleid.

Es gibt so Tage, da kannst du sagen, was du willst, es ist immer falsch. Die Äußerungen können ganz harmlos daherkommen, sind aber in den Auswirkungen verheerend. Ich sagte an diesem Tag den verhängnisvollen Satz: »Ich hätte jetzt irgendwie Kaffeedurst.« »Gute Idee!«, respondierte Rolfi. Und dann kam es: »Leider ist unsere Kaffeemaschine vorhin kaputtgegangen. Es hat einfach zisch und paff gemacht, ne James? Paff: der ganze Schmadder auf meinen Pullover. Aber dafür hattest du Spaß und hast was gelernt zum Thema Schwarzpulver. Lass uns einfach runter ins Tremolo gehen, ist direkt an der Ecke.«

Bevor ich protestieren konnte, waren die drei Kinder schon aus der Tür raus. Ich lief hinterher. Ich stolperte hinterher. Ich torkelte hinterher. Renn mal in einem Kleid! Die Treppe runter! Zum Glück durfte ich meine Adidas-Treter anbehalten, mit Absatzschuhen wäre eine unfallfreie Fortbewegung kaum möglich gewesen. Rolfi hatte mir nahegelegt, passend zum Kleid Stilettos aufzutragen, aber ich wollte ja nun auch nicht aussehen wie eine Frau. Ich raffte mein Kleid, trippelte so gut es ging nach unten, mich abwechselnd am Geländer und an der Wand des Treppenhauses abstützend. Entgegen kam mir der Postbote, der auch unseren Abschnitt bediente. »Guten Tag, die Dame«, sagte er ernst. Ich grüßte zurück und murmelte etwas von Kinderfasching. Er meinte »so etwas« wäre also in den Paketen drin, die er mir liefert.

Kurz vorm Tremolo holte ich die heitere Gesellschaft ein. Wir schauten durchs Fenster, und ich sah, wie im Café Unruhe entstand. Die Bedienung blieb erstarrt stehen, als sie uns sah, breitete die Arme aus und öffnete den Mund, als würde ihr die böse dampfende Lava eines ausbrechenden Vulkans entgegenkommen. Sie drehte sich panikartig um, wollte weglaufen und überrannte dabei schier ihre Chefin, die ihr just in dem Moment entgegenkam. »Er ist es! Er!« »Ja, das geht nicht. Auf keinen Fall. Wir dürfen da auch nicht nachgeben. Nein! Nein!« Ich muss furchterregend ausgesehen haben. Die Scheibe spiegelte, wie mir die Algen aus dem Aquarium über die Haare, über das Gesicht liefen und die Schminke verschmierte. Schwarz unter den Augen. Karminrot um den Mund herum: Wie Alice Cooper, der gerade vom Taubenessen kommt. Aber in Berlin sind sie solche Leute eigentlich gewohnt. Schnell wurde klar: Nicht ich stellte das Problem dar, sondern Rolfis kleiner Saukerl. »Nein, nein, nein«, sagte die Chefin erneut, Rolfi an der Tür mit dem Unterarm zurückhaltend, als würde sie einen Schutzschild tragen. »Seit wann seid ihr kinderfeindlich?«, meldete der engagierte Papa an. »Wir sind nicht kinderfeindlich, wir lehnen nur einen bestimmten Personenkreis ab, bei dem wir schlechte Erfahrungen gemacht haben.« Sie zeigte auf ein Schild mit der Aufschrift: »Nazis und James müssen leider draußen bleiben!«

»Ach, bloß, weil wir neulich mit den Servierwagen Autorennen gespielt haben.« »Und dabei habt ihr Nadine umgefahren!« »Aber sie ist doch vor einer Woche wieder aus dem Koma aufgewacht.«

Rolfi blieb während der ganzen Auseinandersetzung erstaunlich freundlich und gelassen. Zu keinem Zeitpunkt verschwand das wohlwollende Lächeln aus seinem Gesicht, das er auch immer im Umgang mit den Kindern an den Tag legte. Imponierend. Dachte: Von dem kannst du dir echt 'ne Scheibe abschneiden. Wo du immer so schnell nervös und grantig wirst. Wir begnügten uns mit einem Kaffee vom Kiosk, liefen über den Spielplatz, schaukelten ein paar Runden und begaben uns etwa zwei Stunden später zurück auf den Weg in die Dachgeschosswohnung. Innerlich machte ich mich erneut auf fünf Stockwerke gefasst. Doch erstaunlicherweise betraten wir den klapprigen Altbaufahrstuhl. »Ich dachte, der wäre kaputt?« »Nee, wir hängen das Schild da immer nur hin, weil wir nicht wollen, dass hier jeder fährt. Anfänger sollen sich ruhig erst mal ein bisschen anstrengen.« Verstanden. Das war ein Kompliment. Wir zählten inzwischen zu den Fortgeschrittenen und waren in der Mitte von Rolfis Welt angekommen. Oben wartete sogar eine Belohnung auf uns. Eine Überraschung. Der Basketball hatte eine Metamorphose durchlaufen und die Form eines Gugelhupfes angenommen. Von mattem gelblichen Licht eingerahmt, knisterte er herbstlich im Ofen. »Schau, James! Schau mal, Flo! Ein Wunder ist geschehen! Heinzelhobbits waren da! Heinzelhobbits!«, sprach Rolfi mit erhobener Stimme. Das war mir neu. Da ist mir etwas entgangen. Heinzelmännchen sind jetzt zugunsten der zeitgemäßeren Bewohner des Auenlandes abgeschafft worden?! Weiß nicht, welche Interessengruppe sich durch das Wort Heinzelmännchen diskriminiert gefühlt hat. Vielleicht die Gruppe der Männchen.

Wollte aber nicht nachfragen. Wollte mich nicht blamieren. In den Augen der Jungs hatten die Heinzelhobbits ohnehin unzulängliche Arbeit geleistet. Auf dem Kuchen waren ja nicht einmal Smarties! Trocken sah der aus. Schon von außen sah man, dass da nichts drin war. Keine Creme, nichts. Und ohne Schokoladenüberzug war er in ihren Augen so attraktiv wie eine Fenchel-Quiche.

Die beiden Strolche verdrückten sich. Wie nicht anders zu erwarten, hörten wir es bald scheppern und lachen. Fragte mich, ob es sehr kleinbürgerlich wäre, mal nach dem Rechten zu sehen. Es hörte sich einfach bedenklich an, was sich hinten im Schlafzimmer abspielte. Das Zersplittern eines größeren Gegenstandes und das anschließende Grölen gaben meiner Sorge Nahrung und schließlich den Impuls zum erzieherischen Eingriff. Die beiden Filous tobten auf dem Doppelbett der Eltern, versuchten, mit Tennisbällen Vasen, die reihenweise auf dem Kleiderschrank standen, aus dem Sprung heraus zu treffen – was meinem Sohn erschreckend gut gelang.

Rolfi ließ sich von diesem Exzess keineswegs verunsichern. »Ist doch herrlich, wenn sich die Gnome bewegen. Bewegung ist so wichtig! Die Dinger da sind eh nur Staubfänger. Ich will auch mal!« Der Übervater sprang auf das Doppelbett. Krallte sich mehrere Bälle und schoss die noch übrig gebliebenen fünf Vasen nacheinander ab, ohne einen einzigen Fehlversuch. Er jubelte, sprang hoch, wobei er unter der niedrigen Decke geschickt den Kopf einzog. Dann brach der Lattenrost. Die Jungs gerieten ins Wanken. Flo torkelte bedenklich und drohte vom Bett zu fallen. Mit einem Schlusssprung betrat ich das Schlachtfeld. Konnte den Racker gerade noch retten, bevor er gegen die Wand knallte.

Die Ruhe nach dem Sturm trat ein. Schlagartig. Ich sammelte ein paar Tennisbälle auf. Und sah im Augenwinkel. Den Heinzelhobbit. Im Türrahmen stehen. Der Heinzelhobbit hatte ein rotes Gesicht. Der Heinzelhobbit war sehr wütend. Der Heinzelhobbit tobte: »Was soll das? Was soll das? Was soll denn das hier? Kann man nicht mal in Ruhe einen Mittagsschlaf machen? Das Kristall! Mensch, das sind Erinnerungsstücke! Und warum haben Sie mein Kleid an?« Zugegeben, »Weil ich es echt schön fand«, war keine angemessene Antwort. Aber deswegen muss der Heinzelhobbit mir doch nicht gleich einen Tennisball an den Kopf schmeißen. »Sorry, Martina, aber das war einfach so wichtig für James. Er ist jetzt endlich angekommen in dieser neuen Wohnung und hat einen Freund gefunden«, intervenierte Rolfi. »Wegen solchen Leuten kommen wir in Verruf und müssen dann alles ausbaden. Es ist immer dasselbe!« »Sorry, Martina, aber David hat nun mal andere Vorstellungen von Erziehung als wir. Er lässt den Dingen gerne ihren Lauf.« Ich zog das Kleid aus und schleifte Flo zum Ausgang. »Könnten wir vielleicht noch ein Stück von dem Kuchen …« »Raus!«

Draußen dämmerte es. Es war schon erstaunlich kühl. Der Herbst gab dem Winter die Hand. Flo sagte: »Das war mal schön, ne?« Ich sagte: »Hättest du was dagegen? Ich würde gerne schreien.« »Is o.k. Papa, du brauchst das jetzt.« Ich schrie. Aber die ungewohnt kalte Luft reizte meine Lunge und heraus kam nur ein Krächzen. Das Krächzen war allerdings sehr kraftvoll.

Bildungseifer

Mein Sohn ist jetzt fast siebzehn. Spätpubertät. Ein schwieriges Alter. Vor allem für den Vater. In den Augen meines Sohnes bin ich alt. Sehr alt. An seinem letzten Geburtstag hat er Folgendes von sich gegeben: »Knipst doch mal lieber nicht mit der Spiegelflexkamera, Baujahr 1961, sondern mit eurer Polaroid-Kamera. Sonst kriegt der Papa die Fotos ja gar nicht mehr zu sehen.«

Respekt? Muss ich immer wieder extra einfordern. Dabei folge ich einem knallharten Erziehungsprinzip, und das lautet: Was gesagt wird, wird auch gemacht! Neulich zum Beispiel hat mein Sohn gesagt, ich soll ihm doch so Hiphopper-Schuhe kaufen für 180 Euro! Habe ich dann auch gemacht. Er hat sich nicht bedankt. Ach was. »Bitte« und »Danke« sind Fremdwörter einer Sprache, die er anscheinend nicht beherrscht, wie viele seiner Generation. Doch ich gebe nicht auf. Das zahlt sich manchmal aus. Ich habe. Diplomatisch. Darauf hingewiesen: Nicht alle Eltern kaufen ihren Kindern so teure Sachen. Und völlig unverhofft hat er das schönste Kompliment losgelassen, das man vermutlich von einem Jugendlichen in seinem Alter überhaupt erwarten darf: »Ich würde jetzt auch nicht direkt behaupten, dass meine Eltern scheiße sind.« Das hat mich so gefreut! Eltern kennen dieses Gefühl. Es ist so schön, wenn du mal eine positive Rückmeldung bekommst. Monatelang zehrst du davon. Schließlich hast du es auch verdient. Machst dir ständig Sorgen wegen irgendwas.

In der Schule: Drogenprobleme. O.k., wir haben früher auch mal gekifft. Aber wir waren sechzehn oder siebzehn Jahre alt. Außerdem stand bei uns eine Protesthaltung dahinter. Wir haben zum Ausdruck gebracht: Die Gesellschaft und so, alles ist so spießig, so eng, dagegen sind wir breit. Heute wissen sie gar nicht, warum sie das tun. Und das Kiffen geht schon in der ersten Klasse los: Hier hast du eine Schultüte! Allerdings verstehe ich die Kinder. Unterricht in deutschen Schulen kannst du nur bekifft ertragen. Die lernen völlig unangemessen.

Schon in der 5. Klasse reden die in Biologie über Zellteilung und Genetik. Abgehobenes Zeug! Schickst du die mal in den Wald, dann können sie nämlich eine Eiche nicht von einer Fichte unterscheiden. Ich glaube, was ein Baum ist, lernen die heute erst, wenn sie mit achtzehn dagegenfahren.

Jetzt habe ich mir gesagt: Ich bin als Erziehungsberechtigter gefordert. Ich muss diese Bildungsdefizite ausgleichen. Bloß wie? Ich stoße immer auf eine Wand des Desinteresses. Aber er macht Fortschritte. Jetzt fragt er mich aus heiterem Himmel: »Papa, was ist eigentlich Al Kaida?« Keine Ahnung, wie er darauf gekommen ist, wo er das herhat. Aus welchem Computerspiel. Was sagste? Kannst ja kein Basiswissen voraussetzen. Habe mich entschlossen, folgendermaßen zu antworten: »Al Kaida – weißt du, wenn die irgendwo waren, sieht es ungefähr so aus wie in deinem Zimmer.« Gut, das ist geschmacklich an der Grenze. Aber nur so funktioniert Pädagogik heute. Du musst Brücken bauen. Du musst die da abholen, wo sie stehen. Sonst hast du keine Chance. Was erwidert der Sohn? Er sagt: »Danke!«

Das hat mich so gerührt! Danke. Das habe ich seit Jahrhunderten nicht mehr gehört! Danke. Bitte. Es geht doch! Ich war euphorisiert und habe eine typische Eltern-Reaktion gezeigt. Dachte: So kann es weitergehen. »Weißt du was, Junge? Bildung macht Spaß. Zieh dir doch die Informationen aus dem Internet. Modernes Medium. Wikipedia und so. Kannst auch jederzeit an meinen Rechner ran, der ist schneller als deiner.«

Was klickt er an? Was klickt er an? Youporn, Fickipedia. »Was soll der Quatsch? Woher hast du die Adressen überhaupt?« Er meinte, er wäre einfach auf meine Favoriten gegangen.

Lernschwäche

Wir brauchen vor allem eine alltagstaugliche Bildung. Konkret, praktisch, lebensnah. Hand aufs Herz: Welche Fähigkeiten, die wir uns in der Schule aneignen mussten, brauchen wir heute im Alltag wirklich? Kleiner Hinweis: Rauchen und Petting gehören nicht dazu. Jetzt wird es schwer. Eben, denn wir lernen vielleicht die Binomische Formel auswendig, aber nicht, mit Frustrationen fertigzuwerden, die das Leben manchmal in Hülle und Fülle für uns bereithält. Was unter anderem dazu führt, dass einige Mitbürger glauben, Probleme mit Hilfe einer Handfeuerwaffe Kaliber 9mm lösen zu müssen oder Grußpostkarten mit Motiv Sonnenuntergang und vorgefertigtem Gedicht verschicken zu müssen. Es fehlen uns einfach die, ich will mal sagen, spirituell-philosophischen Mittel. Glaube ich. Angenommen, deine Freundin sagt: »Ich glaube, ich bin schwanger. Von dir. Wahrscheinlich. Und ich bin verheiratet, aber jetzt nicht mit dir. Und mein Mann ist auf dem Weg hier her.« Da bist du doch aufgeschmissen! Wie reagierst du? Was sagst du dann, hm?

»Oh, ähm a-Quadrat plus b-Quadrat gleich c-Quadrat!«
»Was soll denn das heißen?«
»Ähm. Na ja, die Summe der Quadrate über der Hypothenuse ist gleich der Summe der Quadrate über Kathete und Ankathete.«

Und wenn sie darauf antwortet: »Wie? Ich dachte, das mit Ann-Kathete wäre vorbei?!« Dann weißt du: Sie steht mitten im Leben. Und kommt vermutlich aus einem Berliner Problembezirk.

Ich habe meinen Sohn ja vor einiger Zeit ganz bewusst umgeschult und auf eine internationale Schule geschickt. Da lernt er das echte Leben kennen und entwickelt hoffentlich eine Weltläufigkeit, so dass er später mal sagen kann: »Kandahar? Gaza-Streifen? Na und? Meine Schule war in Berlin-Neukölln!« Keine Frage, das Lernen und Leben in diesem Bezirk stellt eine Herausforderung für ihn dar.

Aber nach allem, was ich so höre, schlägt er sich gut. Mit den Naturwissenschaften kommt er klar, nur in den sogenannten Mädchenfächern hat er es schwer. Vor allem in den Sprachen. Dabei ist gerade das Erlernen der Muttersprache von elementarer Bedeutung! Jeder gesellschaftlichen Entwicklung, jeder Revolution geht eine Alphabetisierung der Bevölkerung voraus, hat der Soziologe Emmanuel Todd herausgefunden. Sogar der Union liegt das Thema am Herzen! Im Landtagswahlkampf von Mecklenburg-Vorpommern wurde auf großen Plakatwänden geworben mit dem starken Spruch: »CDU – C wie Zukunft!« Später fiel den Verantwortlichen der Fehler auf, der im Nachhinein als Ironie verkauft werden sollte. Doch da war die Wahl schon verloren. Vermutlich hat sich sogar der Stammwähler gewundert: »Hä? Zukunft schreibt man doch nicht mit C, sondern mit K!«

»Sprachkompetenz«, vermittele ich dem Sohn, »ist das A und O.« Da bin ich knallhart: »Freundchen, falsche Grammatik? Nicht mit mich! Es ist die Pflicht eines jeden Bürgers – das gilt für Inländer wie für Ausländer –, die Sprache der Region, in der er lebt, zu beherrschen.« Aber leider ist sein Türkisch nicht gut. Arabisch kann er besser, denn das lernt er en passant beim Erwerb von Produkten aus dem Nahen Osten, die gegen das Betäubungsmittelgesetz verstoßen.

Einmal habe ich ihn von der Schule abgeholt. Bin nach Neukölln rein. An der Seite eines ISAF-Soldaten. Kam am Kiosk vorbei. Der Besitzer Abdul spricht mich in ausgezeichnetem Deutsch an: »Zeitung anschauen und nicht kaufen? Verpiss dich!« Ich sage: »Abdul, na bitte! Es geht doch!« Die Mentalität der Hauptstädter ist ja bekannt. Wie nennt man einen schlecht gelaunten, motzenden Libanesen in Berlin? Gut integriert!

Nein, ich will einfach nicht, dass mein Sohn in irgend so einem Wohlstandsbezirk groß wird und die Bodenhaftung verliert. Wie etwa dieser Rapper Bushido! Bushido lebt im grünen Villenviertel Berlin-Kleinmachnow, und zwar – mit Mitte dreißig – bis zuletzt bei Mutti! Er würde heute noch bei Mutti leben, wenn Mutti nicht ausgezogen wäre.

Macht aber trotzdem einen auf Gangster-Ghetto-Rapper! Wie glaubwürdig ist das bitte schön? Da hat ja Dornröschen mehr street-credibility! Dornröschen ist nämlich irgendwann aufgewacht. Und sie hat die Leute, soviel ich weiß, nicht pubertär beschimpft und beleidigt. Die Sprachkompetenz von Herrn Ferchichi alias B. tönt ständig aus dem Kinderzimmer heraus, kann mich dem leider nicht entziehen: Nutte, Schlampe, Schwuchtel. Ich habe den

Junior zur Rede gestellt: »Bushido – im Ernst? Wie kann man jemandem zuhören, der sein Tourette-Syndrom Musik nennt?« Das färbt ab! Jugendliche lernen durch Vorbilder. Der Sohnemann hat ein Referat gehalten und dieses ortstypische überflüssige Berliner Plusquamperfekt benutzt: »Letzten Sonntag war ich im Zoo gewesen!« Der Lehrer korrigiert: »Aber wir sagen bitte nicht ›gewesen‹ am Ende des Satzes!« Darauf antwortet das Früchtchen: »O.k.: Letzten Sonntag war ich im Zoo gewesen, du Arsch.«

Sohn macht Abitur

Hey, teacher! Leave us kids alone!
Pink Floyd

Sohnemann hat von mir in Sachen Schule eine ganz klare Ansage bekommen: »Ich erwarte von dir mindestens ein Berliner Abitur oder einen bayrischen Hauptschulabschluss!« Kaum hatte ich das von mir gegeben, meldete sich sofort mein schlechtes Gewissen: »Du sollst doch keinen Druck ausüben!« Sicherlich läuft auf dem Arbeitsmarkt ohne vernünftigen Schulabschluss gar nichts. Dementsprechend sehe ich es als meine väterliche Pflicht an, den Junior auf die Härten des Lebens vorzubereiten. Andererseits. Lehne ich unser mehrgliedriges Schulsystem ab, das weltweit nahezu einmalig ist. In den meisten Bundesländern soll sich ja schon in der vierten Klasse entscheiden: Gymnasium oder Opfer. Alexander oder Mandy. Uni oder RTL2. Das kann es doch nicht sein. Klar. Viele Kinder bekommen zusätzliche Unterstützung von zu Hause. Schließlich haben wir auch die weltweit einmaligen engagierten deutschen Eltern: »Nein, Malte-Maria-Dante kann jetzt nicht zum Spielen raus. Malte macht gerade Physik. Nachher ist er beim Yoga, bei der Japanisch-Nachhilfe und beim Stabhochsprung. Nächstes Jahr ist das sowieso nicht mehr so einfach. Ja, da wird er eingeschult.«
Ich möchte nicht diskutieren, ob es moralisch gerechtfertigt ist, Kinder im Grundschulalter ultimativem Druck auszusetzen. Nein, Stress wirkt einfach leistungshemmend.

Diese Behauptung will ich jetzt mal gnadenlos mit Fakten untermauern. Biologie, Neurologie, Endokrinologie – das ganze Programm. Habe mich reingelesen. So. Jetzt hier: Bei Dauerstress wird das Neuropeptid Corticotropin-releasing-Hormon, kurz CRH, ausgeschüttet. Dieser Botenstoff wiederum beeinflusst den Hippocampus dahingehend, dass Konzentrations- und Merkfähigkeit nachlassen.

Noch Fragen? Zu erwarten, dass unsere Bildungspolitiker nun aus dieser eindeutigen Faktenlage Konsequenzen ziehen und das Schulsystem entsprechend reformieren, wäre natürlich zu viel verlangt. Da kannst du genauso gut im Leichenschauhaus Antibiotika verteilen.

Dabei genügte schon ein Blick zu unseren nördlichen Nachbarn. Im Bei-PISA-ziemlich-weit-oben-Land Dänemark werden die Kinder ganz entspannt erst mit sieben eingeschult. Trotzdem wissen es die Sozialdemokraten in Berlin natürlich besser. SPD hat dort vor ein paar Jahren die Einschulung mit fünfeinhalb beschlossen. Seitdem haben die Lernleistungen nachgelassen. Also die Leistungen der Schüler, die des Senats waren schon immer dürftig.

In diesem Zusammenhang zu erwähnen wäre noch der sozialdemokratische Politiker, dessen ausländisch klingenden Namen ich immer vergesse. Genau. Sarrazin. Ist ja der Auffassung, Intelligenz sei rein genetisch bedingt. Das berüchtigte Buch ›Deutschland schafft sich ab‹ kann er demnach nicht selber geschrieben haben. Seine Frau war Ghostwriter. Bin ich mir sicher. Thilo Sarrazin ist ein Nachfahre französischer Flüchtlinge mit arabischen Wurzeln. Also bitte! Dass dieser Mann eigenständig ein 300-Seiten-

Sachbuch verfasst, ist bei dieser erblichen Belastung ja gar nicht möglich.

In einem Zeitungsinterview hat der Mann aus Reckling-hausen auch sein Bildungscredo angestimmt (vermutlich ebenfalls ausgearbeitet mit Hilfe von Ursula S.). Er plädiert nämlich für die chinesische Erziehung: »Ich empfehle, sich die positive Wirkung anzuschauen!« Was genau bedeutet »chinesische Erziehung«? Kinder in der Volksrepublik büf-feln, bimsen und pauken bis zu sechzehn Stunden am Tag. Lernen sie, eigene Gedanken zu entwickeln, Diskussionen zu führen? Mitnichten. Geht es um Meinungsbildung oder Kreativität? Nö. Abschreiben und Auswendiglernen stehen im Vordergrund! Vermutlich sind die disziplinierten Chi-nesen deshalb so erfolgreich auf dem Weltmarkt, weil sie eben von der Pike auf gelernt haben, alles zu kopieren. Das befürwortet Dr. Sarrazin also. Andere Volks-Pädagogen wie Guttenberg, Koch-Mehrin oder die ehemalige Bundes-ministerin für Bildung (!) und Forschung (!) Annette Scha-van zeigen sich auf ihre Weise ebenfalls begeistert von der chinesischen Lösung und der Kultur des Abschreibens.

Doch kann das wirklich ein Wegweiser für unser Schul-wesen sein? Bedingt. Natürlich: Mehr Disziplin würde un-seren Schülern guttun. Allerdings. Wer würde nicht über die Tische gehen, wenn er wüsste: Es geht von der Haupt-schule direkt in die sozialen Systeme. »Ich werde später Hartz IV« gilt in Problembezirken als häufigster »Berufs-wunsch«. Tragisch. Erst steht im Klassenbuch »Hassan ist in der Klasse leider keine Stütze«. Und später lebt er von Stütze.

Ich glaube, Kreativität ist der Schlüssel. Sie muss den Hauptstützpfeiler stellen im »Land der Ideen« (Werbung der Bildungsrepublik Deutschland). Und da geht durchaus auch was im Bereich Unterschicht! Es gibt zumindest Hoffnung. Ein Freund von mir ist Pauker. Joschel unterrichtet in einer Lehranstalt, die einen großen Namen trägt. In der Daniela-Katzenberger-Hauptschule. Das Fantastische: Er geht das idealistisch an. Er glaubt an seine Schützlinge. Er fordert und fördert. Joschel hat eine sechste Klasse gefragt, was es mit der Quadratur des Kreises auf sich hat. Und Hassan – wer hätte das gedacht – wusste eine Antwort auf dieses alte und bisher ungelöste mathematische Problem der Quadratur des Kreises: »Alter! Wenn ich dich rundmache, dann springst du im Quadrat!« Das ist das, was PISA will: kreatives Mitdenken!

Joschel rief mich kurz nach der OP aus dem Krankenhaus an. Er klang begeistert. »Mann, ich habe so einen tollen Job. Nie langweilig. Immer ist irgendwie Action. Man lernt interessante Menschen kennen. Hassan ist schon da gewesen, hat sich entschuldigt und mich zu seinem Lieblingslehrer erklärt. Stell dir vor, er will jetzt über den zweiten Bildungsweg gehen und später Mathe studieren! Nee, ich kann echt was bewirken! In welchem anderen Job geht das schon? He! Und wegen der Attacke – was soll's? Ich kann ohne Schneidezähne unterrichten.«

Fast bedaure ich, dass mein Filius sich für das Gymi entschieden hat. Da geht es nicht so locker und persönlich zu. Er muss jetzt dieses Abitur in zwölf Jahren absolvieren. Da wird das Wissen nur so in die Kinder reingepresst. Hochdruckbetankung! Gänsestopfen ist verboten in Deutschland, nur Kinderstopfen ist erlaubt! Der Junge kommt ja kaum noch raus. Ist kreidebleich im Gesicht. Hat Ringe unter den Augen. Zu meiner Zeit hieß das noch Grufti, heute heißt das Turbo-Abi! Ich mache mir echt Sorgen, und mein schlechtes Gewissen bringt mich dazu, ihm immer mal wieder etwas zu schenken. Vor Kurzem gab es ein neues Smartphone. Bin richtig gerührt, wenn er damit telefoniert oder spielt. Dann hörte ich aber, wie er mit einer Klassenkameradin quatscht: »Danke noch mal für deinen Tipp mit dem Kajal-Stift und dem hellen Puder. Funktioniert super! Ein iPod und ein Mountain-Bike sind sicher noch drin.«

Kultiviert speisen mit Jugendlichen

Schlechtes Benehmen wird doch heute belohnt! Unverschämtheiten werden gesendet! Wenn ich mir diese Kochshows im Fernsehen anschaue – da geben sich Hausmänner und Hausfrauen richtig Mühe, sie tun und machen, schneiden, schnippeln, brutzeln, bereiten zu und dekorieren. Dann kommt am Ende so ein Holzkopf an – der Profikoch –, stochert im Essen rum und mäkelt: »Hm, hm. Also der Mangold ist recht zart, hm, beim Gratin hättest du die Muskatnuss von mir aus mutiger einsetzen können. Hm, hm. Das Kaninchen ist mir etwas zu rosa, zu wenig durch, du hättest es vorher schlachten lassen können.«

Entschuldigung: Nein! Das macht man nicht! Das ist unhöflich! Wenn meine Tischmanieren früher zu wünschen übrig ließen, hat meine Mutter »Du Mäkelfritze!« gesagt. Und nicht nur das, sie hat auch Konsequenzen gezogen. Zu recht. Ich wünsche mir ja, dass meine Mutter mal in so einer Kochsendung auftritt. Die würde nämlich Paragraf 1 des Erziehungsgrundgesetzes verkünden, der da lautet: »Herr Lafer: Es wird gegessen, was auf den Tisch kommt! Und wenn es dem Herren hier nicht passt, dann geht er halt auf sein Zimmer!«

In vielen Fällen gebe ich tatsächlich nur weiter, was meine Eltern versucht haben, mir beizubringen. Die Ansagen der eigenen Eltern sind erprobt und haben einen hinreichend hohen Nervfaktor. Beispielsweise: »Du sollst vernünftig reden und nicht ›Was‹ sagen, sondern ›Wie bitte?‹« Ehrlich gesagt, wäre ich schon froh, wenn mein Sohn »Was« sagen würde. Wenn er »Was« meint, hört sich das ungefähr so an: »Huüähä?« Immerhin verstehe ich das noch. Kürzlich hat er sich mit einem Kumpel »unterhalten«. Die saßen hinten im Wagen, ich hatte sie von der Schule abgeholt. Da habe ich nichts mehr verstanden:

Sohn: »Er ihm so und der denn: voll! Aggro krass! Alter, ey und Psych dermaßen, Schwede!«

Habe ich mich schon gefragt: Was ist denn das jetzt für eine Sprache? Wo wird sie gesprochen? Auf einem Stern innerhalb unserer Milchstraße?

Klassenkamerad: »Genau! Und ich ihm: Was geht? Check das mal pornös! Chill Alter, ey is Latte. OMG, Yolo!«

Ganz klar: Diese Sprache wird auf einem feindlichen Planeten außerhalb der Milchstraße gesprochen. An der roten Ampel habe ich mich umgedreht und gesagt: »Huüähä?«

Das war ein Ausrutscher. Und es sollte ein einmaliger Ausrutscher bleiben! Ich will auf keinen Fall in den Fehler einiger Eltern verfallen, mich bei den Jugendlichen anzubiedern. »Mein Sohn ist mein bester Freund ...« Wenn ich das schon höre! Das ist pädagogisch nicht wertvoll. Ab der Pubertät müssen Jugendliche lernen, sich abzugrenzen von der Erwachsenenwelt, um zu sich selbst zu finden.

Bisschen peinlich: Sohnemann wirft mir ebenfalls vor, ich würde übertrieben auf jung machen – also so Equipment-technisch, so vom Stylischen her, dermaßen. Das ist natürlich Quatsch, das hat nichts mit »jung sein wollen« zu tun. Fahrradfahren mit Stützrädern ist einfach sicherer. Und er muss das gerade sagen! Der Junge sieht dagegen manchmal ganz schön alt aus, vor allem, wenn er diese Hosen trägt.

Diese Hosen im Classic-Vintage-Look. Die sind schon alt, wenn du sie kaufst: prefaded, also extra abgewetzt und ausgefranst. Der Preis fällt sogar noch höher aus als bei einer neuen Buxe. Eltern oder Großeltern dürfen ja für diese Schlampereien auch noch ordentlich blechen! Und für die Marke zahlen sie natürlich ebenfalls. Ich frage mich, wie es eigentlich in so einem modernen Textilunternehmen zugeht. Wer ist zuständig dafür, dass die Hosen am Ende beschissen aussehen? Der »Kaputt-Manager« oder der »Dreck-Designer«? Und wie wird Fehlverhalten geahndet? Sagt Giorgio: »Eh Klause, is habe dir gessagte du sollsste slampiger arbeitene. Wenn du weite so gute arbeiteste, mussi i disse entlassene!« Der Sohn wollte mir natürlich noch erklären, was classic-vintage bedeutet. Ich habe ihn unterbrochen, denn ich weiß, was es bedeutet. Classic-Vintage heißt übersetzt Kundenverarsche! Selbst schuld, wenn du darauf reinfällst!

Aber fashionmäßig will er wohl auf der Höhe der Zeit sein, muss er vielleicht – wegen des Gruppendrucks in der Schule. Er trägt ja auch diese Frisur. Ich will mich eigentlich nicht über Modesünden der Teenies auslassen. Jede Generation blamiert sich so gut sie kann. Ich war früher auch nicht immer stilsicher. Ich hatte in meiner wilden Jugendzeit auch eine Frisur, doch meine Haare waren zumindest hinten lang! Heute ist es so: Die jungen Leute blicken nicht mehr richtig durch. Demnächst muss ich noch einen Blindenhund anschaffen, ich ahne es schon. Der Haarschnitt meines Sohnes basiert übrigens nicht auf diesem Vintage, nein, dafür gibt es eine andere Bezeichnung, und die lautet: beknackt. Einen Vorteil hat der Haarschnitt jedoch für den Erziehungsberechtigten: Ich sehe, wenn er bei McDonalds war.

Um schlechter Ernährung vorzubeugen, biete ich ihm dafür mindestens drei Mal in der Woche eine anständige warme Mahlzeit. Nur ist es heute nicht mehr so einfach, Kinder oder Jugendliche überhaupt zum Essen zu holen. Vor zwanzig Jahren hieß es noch: »Beeilt euch, das Essen wird kalt!«, und schon waren wir da! Wenn du willst, dass die Kinder heute zu Tisch kommen, musst du erst mal eine Einladung über ein soziales Forum im Internet verschicken. Das Problem: Seit ich vor einem halben Jahr versucht habe, meinen Sohn mit ins Museum zu schleppen, hat er mich bei Facebook als Stalker gemeldet. Es ist mir aber gelungen, einen Klassenkameraden mit einem gebrauchten iPhone zu bestechen. So kann ich meinem Junior indirekt Textnachrichten zukommen lassen. Die Einladung zum Dinner lautete wie folgt: »Essen fass krass! Nullo Psych, promise!« Und er ist tatsächlich gekommen! Ja! Er hat verstanden, was ich geschrieben habe! Ich habe es nämlich nicht verstanden. Schließlich sitzt er am Tisch. Ich bin sehr zufrieden. Ein Familienmoment! Er sagt kein Wort und stochert in seinem Essen herum. Ich fand es an der Zeit, einen Standardspruch loszulassen: »Mit Essen spielt man nicht!« Aber die sind ja heute so frech. Er erwidert: »Wenn man mit Essen nicht spielt, warum darf dann meine kleine Halbschwester reiten?« Frustrierend. Dabei hatte ich mir solche Mühe gegeben! Es gab Pilze in Rahmsauce. Habe allerdings nicht bedacht, dass das Wort Pilze bei einem Angehörigen seiner Generation ganz bestimmte Assoziationen auslöst:

»Äh, ich spüre gar nichts!«
»Seit wann sind Pfifferlinge halluzinogen?«
»Ich sehe nichts!«
»Das liegt an den Haaren!«
»Huüähä??«
»Vorschlag zur Güte! Ich kann dir zum Nachtisch Natur-produkte anbieten, bei denen du wesentlich mehr spürst. Was hältst du von Kopf-Nüssen und Ohr-Feigen?!«

Daraufhin rülpst er. Und die nächste Ansage ist fällig: »So-lange du deine Füße unter meinen Tisch stellst …«. »Ey, Pa, ich habe nicht gerülpst, echt jetzt mal. Das war mein neuer Klingelton.« Er wetzt die Hose nicht selber ab, und er rülpst nicht selber?! Was ist das bitte schön für eine Genera-tion, die zum Gammeln zu faul ist?! So kann das nicht wei-tergehen. Ich habe dieses Verhalten auch mit seiner Mutter besprochen, und wir haben beschlossen: Wenn er weiterhin jedem hirnlosen Trend hinterherrennt, dann muss er zur Strafe drei Mal täglich unsere alten Tamagotchis füttern!

Übrigens rief die Großmutter väterlicherseits an. Was hat es eigentlich mit Großeltern auf sich? Ihren Kindern versuchen sie Manieren beizubringen, doch kaum sind Enkelkinder da, entdecken sie den Anarchisten in sich. Die Mittagszeit zwischen eins und drei war bei uns zu Hause früher heilig. Da durfte man nicht stören, nicht laut sein, und jetzt ruft meine Mutter an – mittags um halb zwei

Uhr – und rülpst uns ins Essen rein! Ich: »Bedank dich für die Hose und mach's kurz! Das Essen wird kalt!« Danach war jedoch an Essen nicht mehr zu denken. Erst hieß es: »Ich will keine Fiffalinge, ich will Fischstäbchen!« »Nein. Es kann doch nicht jeden Tag Fischstäbchen geben!!« Dann war angeblich die Milch sauer. O.k., die hatte einen kleinen Stich, war aber harmlos. Ich bin grundsätzlich geworden: »Erstens: Die Milch ist nicht sauer, die ist vintage. Zweitens: Es kann nicht immer alles angenehm sein im Leben. Man muss auch mal was durchstehen. Außerdem: Es wird gegessen, was auf den Tisch kommt! Und wenn es dem Herren hier nicht passt, dann geh halt in die Küche und hol dir was anderes aus dem Kühlschrank!« Nein, manchmal hilft alles nichts. Manchmal muss man als verantwortungsbewusstes Elternteil knallhart durchgreifen.

Geschenkbücher zu jeder Gelegenheit
Amüsant, originell, inspirierend –
und immer passend

Jakob Augstein
Die Tage des Gärtners
Vom Glück, im Freien zu sein
ISBN 978-3-423-**34775**-4

Liebevoll ausgestattete Ausgabe mit wunderbar erzählten, humorvollen Reflexionen. Für den Gartenliebhaber jeden Alters und Wissensstandes.

Harald Braun
Grauzone
Lässig älter werden
ISBN 978-3-423-**34773**-0

Ein amüsanter Guide für Menschen, die kein Interesse an einer peinlichen Midlife-Crisis haben.

Die Auto-Bibel
»Das Rad war die größte Erfindung der Menschen, bis sie sich dahinter setzten«
ISBN 978-3-4323-**21066**-9

Der mieseste Liebhaber der Welt
Eine Beichte
ISBN 978-3-423-**21229**-8

Die Reise-Bibel
»Das ist doch niemals Rio de Janeiro«
ISBN 978-3-423-**21147**-5

Dietmar Bittrich
Einschlafbuch für Wutbürger
ISBN 978-3-423-**34716**-7

Bittrich verrät die besten Einschlaftricks berühmter Wutbürger – von Sokrates bis Alice Schwarzer.

Einschlafbuch für Hochbegabte
Von Genies für Genies
ISBN 978-3-423-**21267**-0

Einschlafhilfen großer Geister von Kleopatra bis zum Dalai Lama. Besser als Baldrian!

Engel, die durchs Zimmer fliegen, kannst du mit Fliegenklatschen kriegen
ISBN 978-3-423-**34744**-0

Der weihnachtliche Pannenberater. »Dieses Taschenbuch sieht harmlos aus, ist aber furchtbar lustig … Ein rundum freudespendendes Buch und unbedingt genießenswert.« (Susanne Vida, NDR)

Hermann Bräuer, Oliver Nagel
101 Dinge, die Sie sich sparen können
ISBN 978-3-423-**34746**-4

Der alternative Ratgeber für »Sparfüchse«.